“十三五”国家重点出版物出版规划项目
“认识中国·了解中国”书系

Building a Community of Shared Future for Mankind

构建人类命运共同体

（修订版）

陈岳 蒲俜 著

中国人民大学出版社
·北京·

目　录

引论　习近平外交思想与中国特色大国外交的创新

党的十八大以来，以习近平同志为核心的党中央，准确把握时代潮流和世界大势，统筹国内国际两个大局，带领全国人民为实现“两个一百年”奋斗目标和中华民族伟大复兴的中国梦而努力开拓。习近平总书记高度重视外交工作，运筹外交工作的顶层设计和战略谋划，提出了一系列新理念新思想新战略，开创了中国特色大国外交的崭新局面。习近平总书记将历史唯物主义和辩证唯物主义的方法论同新时期中国外交工作的实际紧密结合起来，充分吸收中国传统文化的精髓和新中国外交的优秀成果，形成了习近平新时代中国特色社会主义外交思想，概括起来主要有以下 10 个方面：坚持以维护党中央权威为统领加强党对对外工作的集中统一领导，坚持以实现中华民族伟大复兴为使命推进中国特色大国外交，坚持以维护世界和平、促进共同发展为宗旨推动构建人类命运共同体，坚持以中国特色社会主义为根本增强战略自信，坚持以共商共建共享为原则推动“一带一路”建设，坚持以相互尊重、合作共赢为基础走和平发展道路，坚持以深化外交布局为依托打造全球伙伴关系，坚持以公平正义为理念引领全球治理体系改革，坚持以国家核心利益为底线维护国家主权、安全、发展利益，坚持以对外工作优良传统和时代特征相结合为方向塑造中国外交独特风范。[①]

① 坚持以新时代中国特色社会主义外交思想为指导　努力开创中国特色大国外交新局面. 人民日报，2018-06-24.

倡导人类命运共同体理念是习近平外交思想的核心与理论基础，是习近平总书记站在全人类进步的高度，为解决当今世界和平与发展问题所提出的一份中国方案，表达了中国对于国际秩序的美好愿望和追求。人类命运共同体理念既具有鲜明的中国特色，又蕴含全人类共同价值。它倡导各国在追求自身利益的同时兼顾他国利益，形成不可分割、命运相连的状态，共同发展，共同合作，对当代国际关系和中国的发展具有重要的引领意义。

构建新型国际关系是习近平外交思想的蓝图。它与构建人类命运共同体的思想一脉相承、互为补充，都承载着中国对建设美好世界的崇高理想和不懈追求。新型国际关系体现中国对国际关系的基本主张，集中阐明了新时期中国外交的原则性立场；人类命运共同体是新型国际关系追求的目标，从更宏观的层面体现中国的世界观和国际秩序观，具有更加丰富的政治、经济、安全、文明、生态等多方面内涵。

践行正确义利观是习近平外交思想的价值取向。它不仅继承、弘扬了中华文化璀璨的传统道德观和伦理标准，而且为人类共同价值宝库增添了新内涵，体现出中国构建新型国际关系、构建人类命运共同体的内在要求。践行正确义利观的思想和实践为探索中国特色大国外交之路确立了道义基础。

引领全球治理体制变革是习近平外交思想的重大实践创新，是构建相互尊重、公平正义、合作共赢的新型国际关系的重要途径。中国推动全球治理体制变革的宗旨，是促使国际秩序和全球治理朝更加公正合理、更加有利于发展中国家的方向演变。当前，作为全球治理的参与者、建设者和贡献者，中国已经在全球治理体制变革进程中发挥着引领作用。

推进“一带一路”建设是习近平外交思想的又一战略创举，是构建人类命运共同体的系统工程。它将中华民族伟大复兴的中国梦与世界各国人民追求发展繁荣的美好梦想联系起来，是一个兼具国内发展与国际合作，政治经济互动、陆海内外联动、东西双向开放的复合型国家大战略，体现出中国新一代领导人准确把握世界形势深刻变化并由此开拓广阔发展空间的大谋略与大智慧。

习近平外交思想是习近平新时代中国特色社会主义思想的重要组成部分。它不仅为中国外交实践的开拓进取提供了理论依据和行动指南，而且也是国际关系理论的重要创新，将对人类进步发展事业产生深远的影响。习近平总书记指出："中国必须有自己特色的大国外交。我们要在总结实践经验的基础上，丰富和发展对外工作理念，使我国对外工作有鲜明的中国特色、中国风格、中国气派。"[①] "大国外交"意味着中国在对外交往中要突出作为一个新兴发展中大国的作用和担当；"中国特色"则意味着走出一条与历史上传统大国不同的道路，彰显中国外交和平、发展、合作、共赢的鲜明特色，蕴含中国传统哲学和历史文化的独特智慧，在实现中国和平发展和民族复兴的同时，与世界各国共享和平、共同发展。在以习近平同志为核心的党中央的领导下，党的十八大以来的中国外交更加奋发有为，更加成熟自信，取得了一系列重大的成就，开创了中国特色大国外交的新篇章，构建起全方位、多层次、立体化的外交布局。

第一，巩固睦邻友好格局。周边外交在中国外交总布局中占有首要地位，周边是推行中国特色大国外交理念的示范区。2013 年，习近平总书记提出"一带一路"倡议，首先涉及的就是中国同周边国家的全面合作，因而得到了周边国家的广泛响应。在此基础上，2013 年 10 月 24 日至 25 日，新中国成立以来的首次周边外交工作座谈会召开，对中国周边外交的目标、基本方针和思路做出了全面规划和部署，提出了对周边国家坚持与邻为善、与邻为伴，坚持睦邻、安邻、富邻，秉持亲、诚、惠、容的理念。习近平总书记的足迹遍及周边国家和地区，中国的辐射力和影响力不断扩大，中国与周边国家之间日益形成一个多层次的命运共同体。

第二，运筹大国关系棋局。习近平总书记强调构建总体稳定、均

① 习近平. 习近平谈治国理政：第 2 卷. 北京：外文出版社，2017：443.

衡发展的大国关系框架，倡导大国之间不冲突不对抗、相互尊重、合作共赢、管控分歧，从而超越新兴大国与守成大国必定冲突的“修昔底德陷阱”，为中国在新一轮大国关系调整中争取有利的地位。中俄全面战略协作伙伴关系迈向更高水平，为新时期大国之间深化合作树立了典范。中美之间只有尊重彼此核心利益和重大关切，才能实现长久稳定合作、互利共赢。双方只有以竞争助推合作，才能切实履行中美两国对世界承担的责任。中欧联手打造和平、增长、改革、文明四大伙伴关系，中英、中法、中德各领域交流合作不断取得新成果。金砖国家新开发银行（简称新开发银行）和应急储备安排正式启动，中国与金砖国家等新兴发展中大国的合作势头强劲。

第三，深化同发展中国家的合作。与发展中国家加强团结合作是中国外交的传统，也是共同维护发展中国家利益的需要。中国已经实现了同发展中国家整体合作机制的全覆盖，构建起各具特色、各有侧重的伙伴关系网络。在践行正确义利观的指导下，中国坚持与发展中国家真诚友好、平等相待，进一步密切双方高层往来，加强不同层次的对话和磋商，全面提升与发展中国家的友好合作关系。中非关系正处在历史上最好时期，中国奉行真实亲诚的对非工作方针，发挥中非合作论坛的作用，推进中非十大合作计划。中国与拉美国家建立了平等互利、共同发展的中拉全面合作伙伴关系，努力构建政治上真诚互信、经贸上合作共赢、人文上互学互鉴、国际事务中密切协作、整体合作与双边关系相互促进的中拉关系的五位一体新格局。中国同阿拉伯国家关系正处于承上启下、继往开来的新起点上，和平合作、开放包容、互学互鉴、互利共赢已成为中阿关系发展的重要特征。中国同太平洋岛国建立了相互尊重、共同发展的战略伙伴关系。

第四，变革全球治理体制。现行全球治理体制无法有效应对全球性问题的蔓延，为中国参与全球治理变革、谋求全球治理主导权提供了战略机遇。中国倡导共商共建共享的全球治理理念，积极推动全球治理体制朝着更加公正合理有效的方向发展。在政治安全和社会发展领域，中国坚定维护联合国的权威和地位，维护联合国在国际事务中的核心作用。在经济领域，中国加快以国际货币基金组织、世界贸易组织为核心的全球性国际经济组织的改革，采取积极措施将二十国集团打造成为世界经济的稳定器、全球增长的催化器、全球治理的推进器。在国际金融领域，中国倡导成立亚洲基础设施投资银行（简称亚投行）、参与建立新开发银行等新型国际金融机制，为全球治理提供了新思路新方案，是中国对推动全球治理体制变革的重大贡献。

第五，推进“一带一路”建设。“一带一路”倡议借用古丝绸之路的历史符号，融入了新的时代内涵，创造了一种新型的国际合作模式，对内指导国内中长期经济社会发展，对外打造人类命运共同体。推进“一带一路”建设，既是维护开放型世界经济体系，实现多元、自主、平衡和可持续发展的中国方案，也是加强文明交流互鉴、维护世界和平稳定的中国主张，凝聚了中国特色大国外交的创新性思维，堪称中国国家战略的重大创新。

党的十八大以来，中国特色大国外交已经取得了丰硕成果，为国内发展营造了有利的外部环境和战略支撑，有力维护了国家的主权和安全，显著提升了国际影响力。在习近平外交思想的指引下，中国特色大国外交将继续开拓前行，“中国，将继续做国际形势的稳定锚，世界增长的发动机，和平发展的正能量，全球治理的新动力”①。

① 王毅在十二届全国人大五次会议举行的记者会上就中国外交政策和对外关系答中外记者问. 人民日报，2017-03-09.

第一章

倡导人类命运共同体理念

1 倡导人类命运共同体理念

构建人类命运共同体的思想，是习近平外交思想的顶层设计，是新时期中国领导人站在全人类进步的高度，为解决当今世界和平与发展问题所提出的一份中国方案，表达了中国对于国际秩序的美好愿望和追求。

一、人类命运共同体理念的提出及内涵

“命运共同体”这一概念，在2011年发布的《中国的和平发展》白皮书中就被用来阐述中国把握世界潮流的新视角。“要以命运共同体的新视角，以同舟共济、合作共赢的新理念，寻求多元文明交流互鉴的新局面，寻求人类共同利益和共同价值的新内涵，寻求各国合作应对多样化挑战和实现包容性发展的新道路。”① 党的十八大报告明确提出了“人类命运共同体”的理念，指出：“要倡导人类命运共同体意识，在追求本国利益时兼顾他国合理关切，在谋求本国发展中促进各国共同发展。”②

党的十八大以来，习近平总书记以天下为己任，不断阐释和完善人类命运共同体理念，构建人类命运共同体的理论内涵不断得到丰富和发展。

2013年3月23日，习近平主席在莫斯科国际关系学院演讲，第一次向世界传递了中国对人类命运的思考。“这个世界，各国相互联系、相互依存的程度空前加深，人类生活在同一个地球村里，生活在历史和现实交汇的同一个时空里，越来越成为你中有我、我中有你的命运共同体。”③

2013年10月3日，习近平主席在印度尼西亚国会发表题为《携

① 中华人民共和国国务院新闻办公室．中国的和平发展．北京：人民出版社，2011：24.

② 胡锦涛．坚定不移沿着中国特色社会主义道路前进　为全面建成小康社会而奋斗——在中国共产党第十八次全国代表大会上的报告．人民日报，2012-11-18.

③ 习近平．习近平谈治国理政．北京：外文出版社，2014：272.

手建设中国-东盟命运共同体》的演讲，提出了全方位建设中国-东盟命运共同体的五大举措。

2014 年 11 月 28—29 日的中央外事工作会议上，习近平总书记提出打造“周边命运共同体”的对外战略布局。

2015 年 3 月 28 日的博鳌亚洲论坛上，习近平主席在主旨演讲中指出：“人类只有一个地球，各国共处一个世界。世界好，亚洲才能好；亚洲好，世界才能好。面对风云变幻的国际和地区形势，我们要把握世界大势，跟上时代潮流，共同营造对亚洲、对世界都更为有利的地区秩序，通过迈向亚洲命运共同体，推动建设人类命运共同体。”[①] 由此明确了亚洲命运共同体与人类命运共同体之间的关系。

2015 年 4 月 21 日，习近平主席在巴基斯坦议会发表题为《构建中巴命运共同体　开辟合作共赢新征程》的演讲，强调中巴要不断充实两国命运共同体的内涵，为打造亚洲命运共同体发挥示范作用。中巴关系成为被赋予命运共同体内涵的第一组双边关系。

2015 年 9 月 28 日，在纪念联合国成立 70 周年的联大一般性辩论中，习近平主席发表题为《携手构建合作共赢新伙伴　同心打造人类命运共同体》的重要讲话，将打造人类命运共同体与建立新型国际关系相联系，首次系统阐述了构建人类命运共同体的五大支柱。

2015 年 11 月 30 日，习近平主席在巴黎气候大会开幕式的发言中强调，《巴黎协议》是对建设人类命运共同体的推动，呼吁全世界在建设人类命运共同体的道路上携手共进。

2015 年 12 月 16 日，习近平主席在第二届互联网大会开幕式发表主旨演讲时指出：“网络空间是人类共同的活动空间，网络空间前途命运应由世界各国共同掌握。各国应该加强沟通、扩大共识、深化合作，共同构建网络空间命运共同体。”[②]

2016 年 4 月 2 日，习近平主席在第四届核安全峰会上提出：“在

① 习近平．迈向命运共同体　开创亚洲新未来——在博鳌亚洲论坛 2015 年年会上的主旨演讲．人民日报，2015-03-29.

② 习近平．习近平谈治国理政：第 2 卷．北京：外文出版社，2017：534.

尊重各国主权的前提下，所有国家都要参与到核安全事务中来，以开放包容的精神，努力打造核安全命运共同体。”①

2017年1月18日，习近平主席在联合国日内瓦总部发表题为《共同构建人类命运共同体》的演讲，高屋建瓴地指出：“让和平的薪火代代相传，让发展的动力源源不断，让文明的光芒熠熠生辉，是各国人民的期待，也是我们这一代政治家应有的担当。中国方案是：构建人类命运共同体，实现共赢共享。”②

2017年8月1日，习近平总书记在庆祝中国人民解放军建军90周年大会上指出：“中国军队将一如既往开展国际军事交流合作，共同应对全球性安全挑战，积极履行同中国国际地位相称的责任和义务，为推动构建人类命运共同体积极贡献力量。”③

2018年3月，习近平总书记在第十三届全国人民代表大会第一次会议上强调：“推动建设持久和平、普遍安全、共同繁荣、开放包容、清洁美丽的世界，让人类命运共同体建设的阳光普照世界！”④

随着习近平总书记一次次的深入阐释，从国与国的命运共同体到区域内命运共同体，再到人类命运共同体，涵盖政治、安全、发展、文明、生态、网络空间等多个领域，人类命运共同体理念的层次和内涵逐步充实，相互关联，相互贯通，各有侧重。中国除了与众多周边国家及发展中国家结成命运共同体，还与新西兰、法国、德国等发达国家结成命运共同体；除了倡导亚洲命运共同体，还提出了中国-东盟命运共同体、中阿（阿拉伯）命运共同体、中非命运共同体、中拉命运共同体等。

人类只有一个地球，各国共处一个世界。当今世界仍有很多矛盾

---

① 习近平. 加强国际核安全体系　推进全球核安全治理——在华盛顿核安全峰会上的讲话. 人民日报，2016-04-03.

② 习近平. 习近平谈治国理政：第2卷. 北京：外文出版社，2017：539.

③ 习近平. 在庆祝中国人民解放军建军90周年大会上的讲话. 人民日报，2017-08-02.

④ 习近平. 在第十三届全国人民代表大会第一次会议上的讲话. 人民日报，2018-03-21.

和冲突，但和平、发展、合作、共赢是世界潮流。中国从未像今天这样靠近世界舞台的中央，从未像今天这样与外部世界的命运紧密相连。构建人类命运共同体，是着眼于全人类进步，立足于中国长远发展和世界繁荣稳定的崇高事业。简言之，人类命运共同体是指世界各国在追求自身利益的同时应兼顾他国利益，形成不可分割、命运相连的状态，共同发展，共同合作，增进全人类共同利益，共同推动人类进步。具体而言，人类命运共同体是指世界各国形成的具有依存性、平等性、共赢性、包容性等特点的集合体。

第一，依存性。“当今世界，相互联系、相互依存是大潮流。随着商品、资金、信息、人才的高度流动，无论近邻还是远交，无论大国还是小国，无论发达国家还是发展中国家，正日益形成利益交融、安危与共的利益共同体和命运共同体。”① 世界各国在相互依存中形成了利益纽带，一荣俱荣，一损俱损，任何国家都不能片面追求自身利益而忽视他国利益和公共利益。

第二，平等性。人类命运共同体意味着各国平等相待、互相尊重。“各国体量有大小、国力有强弱、发展有先后，但都是国际社会平等的一员，都有平等参与地区和国际事务的权利。涉及大家的事情要由各国共同商量来办。”② 迈向人类命运共同体，就要坚持主权平等，推动各国权利平等、机会平等、规则平等。

第三，共赢性。“一个国家要谋求自身发展，必须也让别人发展；要谋求自身安全，必须也让别人安全；要谋求自身过得好，必须也让别人过得好。”③ 面对金融危机、恐怖主义、自然灾害、气候变化等全球性挑战，任何国家都难以独善其身，世界各国需要通力合作。大国扶持小国、富国援助穷国，休戚与共，同舟共济，实现共同发展，

---

① 习近平．共倡开放包容 共促和平发展——在伦敦金融城市长晚宴上的演讲．人民日报，2015-10-23.

② 习近平．迈向命运共同体 开创亚洲新未来——在博鳌亚洲论坛2015年年会上的主旨演讲．人民日报，2015-03-29.

③ 习近平．携手合作 共同维护世界和平与安全——在“世界和平论坛”开幕式上的致辞．人民日报，2012-07-08.

才是人间正道。

第四，包容性。世界是丰富多彩的，应充分尊重不同民族、不同宗教和不同文明的多样性，充分尊重世界各国自主选择的社会制度和发展道路。“不同文明凝聚着不同民族的智慧和贡献，没有高低之别，更无优劣之分。文明之间要对话，不要排斥；要交流，不要取代。”[①] 世界足够大，容得下世界各国共同发展、共享安全。

二、人类命运共同体理念的思想渊源

作为一种新型的国际秩序观，人类命运共同体理念的提出有着厚重的思想基础。它植根于中国悠久的历史文化之中，吸取了中国特色社会主义理论的底蕴，升华了中国外交优秀传统的精髓。

第一，人类命运共同体理念，传承了中国几千年来的天下情怀，蕴含了中国传统文化中“协和万邦”“天下大同”的政治理念。中国的历史文化绵延数千年，孕育形成了自己的独特文化，凝聚了丰富的政治哲学和处世之道，赋予了中华民族生生不息的、强大的生命力。“大道之行也，天下为公”的理想，传递的是超越民族的责任感；“己所不欲，勿施于人”的观念，表达的是互相尊重、互不干涉的原则；“修身齐家治国平天下”的信条，强调的是运用内在道德修养的力量，通过文明教化去实现天下太平的目标；“和而不同”“和衷共济”的主张，揭示的是求同存异、包容互补、和谐共存的价值取向；“先天下之忧而忧”的抱负，抒发的是中国人的济世情怀；“达则兼善天下”的追求，承载的是负责任的共享意识；“四海之内皆兄弟”的豪情，体现的是朴素的平等愿望。几千年连绵不断的独特文化造就了中华民族的精神追求，构建了中华民族的精神家园，在历史长河中起着教化

① 习近平．习近平谈治国理政：第2卷．北京：外文出版社，2017：524．

民众、激励民心、凝聚民族的重要作用。“中国优秀传统文化的丰富哲学思想、人文精神、教化思想、道德理念等，可以为人们认识和改造世界提供有益启迪，可以为治国理政提供有益启示，也可以为道德建设提供有益启发。”① 弘扬中国传统文化的思想精华，发掘中国传统文化与当今时代的共鸣点，能够为国际社会应对各种问题与挑战奉献中国智慧。

人类命运共同体的文化内核是中国优秀的传统文化。中国的传统文化具有内敛与和平的特性，“和平、和睦、和谐的追求深深植根于中华民族的精神世界之中，深深溶化在中国人民的血脉之中”②。爱好和平的思想造就了中华民族强不凌弱、敦厚平和的民族性格，这自古就是中国人治理国家的基本信念，直到今天仍然有强大的生命力，仍然是中国处理国际关系的基本理念。“和”文化贯穿中国外交理论和实践，成为中国外交的重要源泉和宝贵财富。从倡导和平共处五项原则到主张国际关系民主化，从坚定不移走和平发展道路到建设和谐世界理念，都是对传统“和”文化的继承和发展。“和”的核心是和而不同。“和”意味着世间万事万物都是由不同方面、不同要素构成的统一整体，意味着协调不同的人、事、物，使之达到和谐均衡。“和”是矛盾的对立统一体，追求内在的和谐统一，而非表象上的相同和一致。和而不同的理念已经融入中国的外交政策，奠定了中国独立自主和平外交政策的基石，具体表现为：政治上主张互相尊重，大小国家一律平等；经济上强调互利共赢，谋求共同发展；安全上推动互相信任，和平解决冲突和争端；文化上提倡尊重多样性，相互借鉴，共同繁荣。

当今世界面临的不仅有物质发展的困局，而且有现代文明深层次的精神危机。“只有不断发掘和利用人类创造的一切优秀思想文化和丰富知识，我们才能更好认识世界、认识社会、认识自己，才能更好

① 习近平. 在纪念孔子诞辰 2565 周年国际学术研讨会暨国际儒学联合会第五届会员大会开幕会上的讲话. 人民日报，2014-09-25.

② 习近平. 在德国科尔伯基金会的演讲. 人民日报，2014-03-30.

开创人类社会的未来。”[①] 中国独具特色的传统文化为打造新型国际秩序观提供了源源不断的精神财富，为人类命运共同体理念奠定了历史文化根基。

第二，习近平新时代中国特色社会主义思想为人类命运共同体理念的发展提供了强大的思想指导。“中国特色社会主义，是科学社会主义理论逻辑和中国社会发展历史逻辑的辩证统一。”[②] 中国特色社会主义理论，指导当代中国的社会主义现代化实践，并且根据时代变化和实践中的问题，进行理论思考和创新。习近平新时代中国特色社会主义思想，是对马克思列宁主义、毛泽东思想、邓小平理论、“三个代表”重要思想、科学发展观的继承和发展，是马克思主义中国化的最新成果。2017 年党的十九大将习近平新时代中国特色社会主义思想写入党章，2018 年第十三届全国人民代表大会第一次会议将习近平新时代中国特色社会主义思想载入宪法，确立起习近平新时代中国特色社会主义思想在党和国家政治社会生活中的指导地位，为推进新时代中国特色社会主义事业提供了强大理论武器和行动指南。

外交是国家意志的集中体现，外交工作是中国特色社会主义事业的重要组成部分。习近平新时代中国特色社会主义外交思想是一个完整的科学理论体系，创造性地提出了有关中国外交目标、外交方略、外交布局等的一系列重大政策主张，从根本上回应了国际社会对中国与世界关系走向的普遍关切。人类命运共同体理念，正是习近平总书记对中国与世界关系乃至人类文明进程进行深入思考的产物，必然反映中国特色社会主义理论的本质属性。

“中国外交的特色，植根于中国坚持的社会主义理念。”[③] 马克思主义的社会历史观认为，人类最终要走向联合并通过这种联合实现各民族之间的团结友爱与共同繁荣。着眼于追求人类理想社会的角度，

---

① 习近平．在纪念孔子诞辰 2565 周年国际学术研讨会暨国际儒学联合会第五届会员大会开幕会上的讲话．人民日报，2014－09－25．

② 习近平．习近平谈治国理政．北京：外文出版社，2014：21．

③ 王毅．探索中国特色大国外交之路．国际问题研究，2013（4）．

人类命运共同体理念是一种带有鲜明社会主义特性的国际主义。不同于西方国家主导的中心-边缘结构的不平等国际经济关系，也不同于打着“普世价值”旗号强势推行西方价值观的自由主义解决方案，人类命运共同体理念倡导主权平等和兼容并包，强调尊重多样性，主张国家之间建立起平行结构的伙伴关系，共享发展机遇，共担风险成本，致力于不同发展模式之间的相互借鉴、取长补短，体现出中国特色社会主义道路对世界发展的积极意义。

第三，人类命运共同体理念，是对新中国优秀外交思想的创造性发展。新中国外交走过了六十多年不平凡的历程，不管国际风云如何变幻，始终坚持独立自主的和平外交政策，在实践中逐渐形成了一系列中国的世界观与国际关系基本理念，包括：和平共处五项原则，求同存异，“三个世界”战略思想，不称霸、不结盟，国际关系民主化，和平发展道路，和谐世界，等等。这些优秀的外交思想和理念，是中国外交继续前行的动力和指南。

中国是世界上最早倡导新型国际秩序的国家。和平共处五项原则在20世纪50年代由中国首先提出，并和印度、缅甸共同发起，是对冷战时期以大国争霸为特征的旧秩序的冲击。在中国的现代化建设刚刚起步时，毛泽东就高瞻远瞩地指出“中国应该对人类有较大贡献”[①]，这充分显示出中国崇高的价值追求和责任担当。实行改革开放后，邓小平在全面分析国际关系各种矛盾及其相互关系的基础上，提出了和平与发展是当今世界两大战略问题的科学论断，通过对外开放将中国与世界的命运越来越紧密地联系在一起。冷战结束后，中国明确提出建立以和平共处五项原则为基础的更加公正、合理的国际新秩序，主张各国事情由各国人民自己决定，世界上的事情由各国平等协商，全球性的挑战由各国合作应对。进入21世纪，中国进一步提出“以平等开放的精神，维护文明的多样性，促进国际关系民主化，

---

① 毛泽东. 纪念孙中山先生. 人民日报，1956-11-12.

协力构建各种文明兼容并蓄的和谐世界”[1]。人类命运共同体理念，是对中国一贯秉持的和平外交理念的继承与发展，体现出中国外交一脉相承的伦理追求和对世界前途的责任感。在独立自主的和平外交理念的指导下，中国同178个国家建立了外交关系，积极开展全方位的交流与合作；中国同周边邻国妥善地解决了历史遗留下来的复杂问题，建立起睦邻友好关系；中国在国际事务中主持公道，伸张正义，为和平解决国际争端、推动国际合作、维护地区和世界和平做出了应有的贡献。在2017年“一带一路”国际合作高峰论坛上，习近平主席强调：“中国愿在和平共处五项原则基础上，发展同所有‘一带一路’建设参与国的友好合作。”[2] 在博鳌亚洲论坛2018年年会上，习近平主席再度指出，“面向未来，我们要相互尊重、平等相待，坚持和平共处五项原则，尊重各国自主选择的社会制度和发展道路，尊重彼此核心利益和重大关切，走对话而不对抗、结伴而不结盟的国与国交往新路”[3]。在中国特色大国外交的新时代，人类命运共同体理念传承新中国外交的优秀成果，赋予中国外交旺盛的生机和活力。在国际事务中主持公道、捍卫公理、伸张正义是中国外交应有的担当；以维护世界和平与发展为宗旨，推动国际秩序朝着更加公正合理的方向演变是中国外交应有的使命；以全人类共同利益为出发点，思考世界的前途和命运是中国外交应有的胸怀。

三、打造人类命运共同体的现实基础

“人类命运共同体，顾名思义，就是每个民族、每个国家的前途命运都紧紧联系在一起，应该风雨同舟，荣辱与共，努力把我们生于

---

① 胡锦涛．努力建设持久和平、共同繁荣的和谐世界．人民日报，2005-09-16．

② 习近平．习近平谈治国理政：第2卷．北京：外文出版社，2017：514．

③ 习近平．开放共创繁荣 创新引领未来——在博鳌亚洲论坛2018年年会开幕式上的主旨演讲．人民日报，2018-04-11．

斯、长于斯的这个星球建成一个和睦的大家庭，把世界各国人民对美好生活的向往变成现实。”[①] 当前国际关系的总体发展趋势，为打造人类命运共同体打下深厚的现实基础。21 世纪以来，国际关系呈现出单极与多极、对抗与对话、冲突与合作、动荡与稳定等多种态势的并存与较量，但着眼于长期的发展，只有那些具有全局性的趋势，才决定着世界发展的潮流和方向。面对世界多极化、经济全球化深入发展和文化多样化、社会信息化持续推进，今天的人类比以往任何时候都更有条件朝和平与发展的目标迈进，而打造人类命运共同体正是这一目标的中国方案。

世界多极化，是主要国际关系行为主体的国家实力对比逐渐趋向相对均衡的发展过程。这一趋势符合世界发展不平衡的客观规律。纵观历史上世界大国的兴衰，可以发现，国家实力的竞争中从来不存在固定不变的格局，没有一成不变的强者。冷战结束后，美国成为唯一的超级大国，在政治、经济、军事、科技等各个领域都拥有明显的实力优势，在国际事务中的霸权主义政策和单边主义行为有所加强，短期内严重干扰了世界多极化进程。2003 年的伊拉克战争就是美国单边主义恶性膨胀的结果。但是，冷战后国际力量的发展演变并未形成美国独霸的单极格局。从长远来看，美国的优势不是绝对的。世界各种力量都在不断发展，尤其是发展中国家的整体实力明显上升，它们对国际事务的影响力有着不同程度的提高。单边主义政策与当今世界的潮流背道而驰，遭到越来越多国家和世界各国人民的反对和抵制。“尽管当今世界霸权主义和强权政治依然存在，但推动国际秩序朝着更加公正合理方向发展的呼声不容忽视，国际关系民主化已成为不可阻挡的时代潮流。”[②] 未来的世界不会是由某个国家或国家集团主宰一切，而是世界各国在竞争中合作共处、相互依存、共同发展。多极化趋势的发展是一种历史的进步，少数国家的霸权主义和强权政治将

---

① 习近平．携手建设更加美好的世界．人民日报，2017-12-02.

② 习近平．弘扬“上海精神” 构建命运共同体——在上海合作组织成员国元首理事会第十八次会议上的讲话．人民日报，2018-06-11.

受到牵制，广大发展中国家在国际事务中将获得更大的发言权，这推动着国际关系民主化，为世界各国的平等交往与合作提供保障，为打造人类命运共同体创造条件。

经济全球化，是 20 世纪 90 年代以来世界经济的重要特征，意味着世界各国的经济资源和生产要素得以在全球范围内有效配置，通过各国经济的优势互补，加深各国间贸易、金融、生产乃至经济政策领域的一体化程度，从而实现世界经济的强劲增长与繁荣。在经济全球化背景下，国与国之间的相互依存关系和依存程度得到强化，国际合作与协调成为国际社会的主旋律。国际关系领域的一些传统概念受到冲击。零和思维被双赢、多赢和共赢模式取代，非此即彼的国际交往法则让位于一荣俱荣、一损俱损的新观念。在经济全球化背景下，经济危机具有很强的传导性，一国的危机可能迅速产生连锁反应，波及其他国家，甚至危及整个世界经济。在经济全球化背景下，任何国家不能置身于国际社会之外，不能脱离世界市场，任何国家的经济发展甚至生存本身都或多或少地依赖于别的国家，协调、合作成为国家间处理矛盾与冲突的主要方式，这是促进和平、防止冲突的重要保障。“尽管单边主义、贸易保护主义、逆全球化思潮不断有新的表现，但‘地球村’的世界决定了各国日益利益交融、命运与共，合作共赢是大势所趋。”[①] 世界各国的利益休戚与共，内外事务更具有公开性和透明性，全球意识得到广泛传播。总之，“在经济全球化的今天，没有与世隔绝的孤岛。同为地球村居民，我们要树立人类命运共同体意识”[②]。经济全球化为打造人类命运共同体提供了现实可能。

文化多样化，是指人类文化在其表现形式上的丰富多彩。根据

---

① 习近平．弘扬“上海精神” 构建命运共同体——在上海合作组织成员国元首理事会第十八次会议上的讲话．人民日报，2018-06-11.

② 习近平．中国发展新起点 全球增长新蓝图——在二十国集团工商峰会开幕式上的主旨演讲．人民日报，2016-09-04.

2001 年联合国教科文组织第 31 届大会通过的《世界文化多样性宣言》，文化多样性是人类的共同遗产，应当从当代人和子孙后代的利益考虑予以承认和肯定。世界各国在长期历史发展过程中，创造了各种各样、多姿多彩的文化，无论是社会制度、价值观念和发展程度，还是历史传统、宗教信仰和文化背景，都存在着差异。每个国家和民族都有自己的特点和长处，本国本民族要珍惜和维护自己的思想文化，也要承认和尊重别国别民族的思想文化。每个国家、每个民族不分强弱、不分大小，其思想文化都应该得到承认和尊重。尊重多样性是实现国际关系民主化的基本前提。“对人类社会创造的各种文明……都应该采取学习借鉴的态度，都应该积极吸纳其中的有益成分，使人类创造的一切文明中的优秀文化基因与当代文化相适应、与现代社会相协调，把跨越时空、超越国度、富有永恒魅力、具有当代价值的优秀文化精神弘扬起来。”① 多样化是世界前进的动力和源泉。“尽管文明冲突、文明优越等论调不时沉渣泛起，但文明多样性是人类进步的不竭动力，不同文明交流互鉴是各国人民共同愿望。”② 历史反复证明，任何想用强制手段来解决文化差异的做法都不会成功，反而会给世界带来灾难。打造人类命运共同体，尊重文化多样化，相互借鉴，求同存异，和睦相处，互相促进，才能创造百花争艳、万紫千红的世界。

社会信息化，是指在信息化时代，人类一切社会生活领域全面实现信息化的过程，通过最大限度开发利用信息资源，提高社会生活领域的信息技术应用水平，为社会提供更高质量的产品和服务。从社会发展史看，人类经历了农业革命、工业革命，正在经历信息革命。农业革命增强了人类的生存能力，使人类从采食捕猎走向栽种畜养，从野蛮时代走向文明社会。工业革命拓展了人类体力，以机器取代了人

---

① 习近平．在纪念孔子诞辰 2565 周年国际学术研讨会暨国际儒学联合会第五届会员大会开幕会上的讲话．人民日报，2014-09-25.

② 习近平．弘扬“上海精神” 构建命运共同体——在上海合作组织成员国元首理事会第十八次会议上的讲话．人民日报，2018-06-11.

类体力，以大规模工厂化生产取代了个体工场手工生产。信息革命则增强了人类脑力，带来生产力又一次质的飞跃，对国际政治、经济、文化、社会、生态、军事等领域的发展产生了深刻影响。正如习近平总书记指出的那样："如今，我们正在经历一场更大范围、更深层次的科技革命和产业变革。大数据、人工智能等前沿技术不断取得突破，新技术、新业态、新产业层出不穷。各国利益和命运紧密相连，深度交融。"① "网络空间是人类共同的活动空间，网络空间前途命运应由世界各国共同掌握。各国应该加强沟通、扩大共识、深化合作，共同构建网络空间命运共同体。"② 人类社会的进步在一定程度上取决于人类认识和利用资源的能力，信息是一种新兴的资源，对信息技术的开发和应用被认为是没有止境的。社会信息化将全人类紧紧联系在一起，网络互联、信息互通在技术上为打造人类命运共同体做好了准备。

上述发展趋势相互交织，极大提高了社会生产力，促进了国际关系民主化，成为推动国际社会走向人类命运共同体的动力。与此同时，威胁全人类生存发展的全球性问题日益凸显，环境污染、气候变化、粮食安全、人口爆炸、毒品泛滥、贫富分化、国际恐怖主义等问题日渐严峻，网络安全、外空探索、极地开发等新难题更具挑战性。全球性问题具有普遍性、整体性、复杂性等特点，牵一发而动全身，单个国家无力独自应对，更不可能置身事外。世界各国需要以负责任的精神同舟共济，携手应对挑战。然而，西方国家主导下的现行国际制度无法有效应对全球性问题的蔓延，西方国家宣扬的"普世价值"无法适应 21 世纪世界各国多样化发展的现实需要。中国从全人类共同利益出发，顺应世界发展潮流，倡导并向国际社会传播构建人类命运共同体的思想，积极应对全球性问题的严峻挑战，履行负责任大国的国际义务。

---

① 习近平. 让美好愿景变为现实——在金砖国家领导人约翰内斯堡会晤大范围会议上的讲话. 人民日报，2018-07-27.

② 习近平. 习近平谈治国理政：第 2 卷. 北京：外文出版社，2017：534.

四、实现人类命运共同体的路径

2015 年 9 月，在联合国成立 70 周年系列峰会上，习近平主席从五个方面阐述了实现人类命运共同体的路径，即建立平等相待、互商互谅的伙伴关系；营造公道正义、共商共建的安全格局；谋求开放创新、包容互惠的发展前景；促进和而不同、兼收并蓄的文明交流；构筑尊崇自然、绿色发展的生态体系。2017 年 1 月，习近平主席在联合国日内瓦总部发表题为《共同构建人类命运共同体》的演讲，再次强调指出："构建人类命运共同体，关键在行动。我认为，国际社会要从伙伴关系、安全格局、经济发展、文明交流、生态建设等方面作出努力。"① 2017 年 11 月，习近平主席在亚太经合组织工商领导人峰会上指出："当今世界充满挑战，前面的道路不会平坦，但我们不会放弃理想追求，将以更大的作为，同各方携手建设持久和平、普遍安全、共同繁荣、开放包容、清洁美丽的世界。"② 2018 年 6 月，习近平主席在上海合作组织成员国青岛峰会上提出："我们要继续在'上海精神'指引下，同舟共济，精诚合作，齐心协力构建上海合作组织命运共同体，推动建设新型国际关系，携手迈向持久和平、普遍安全、共同繁荣、开放包容、清洁美丽的世界。"③ 上述层层深入的阐述为人类命运共同体理念勾画了全面、具体的实现路径。

第一，打造对话不对抗、结伴不结盟的伙伴关系是实现人类命运共同体的主要途径。"伙伴意味着一个好汉三个帮，一起做好事、做

---

① 习近平．习近平谈治国理政：第 2 卷．北京：外文出版社，2017：541.

② 习近平．抓住世界经济转型机遇　谋求亚太更大发展——在亚太经合组织工商领导人峰会上的主旨演讲．人民日报，2017-11-11.

③ 习近平．弘扬"上海精神"　构建命运共同体——在上海合作组织成员国元首理事会第十八次会议上的讲话．人民日报，2018-06-11.

大事。”[①] 国际关系中的伙伴关系，是国家之间、国家与国际组织之间、国际组织之间基于相互尊重和共同利益，通过共同行动，为实现共同目标而建立的国际合作关系。伙伴关系外交，是冷战结束以来中国外交奉行的长期战略，它以相互尊重、求同存异为基本方针，以相互沟通、协商一致为交往原则，追求伙伴之间的互助合作、互惠互利、共同发展的和谐关系。进入新时代，中国提升了与许多国家和地区的伙伴关系，全球伙伴关系网络日益成型。伙伴关系不冲突不对抗，不设假想敌，不针对第三方，不同于具有排他性的结盟关系，是一种新型的双边合作关系。伙伴关系并不意味着没有分歧或矛盾，但双方以政治互信、经济互利为战略支点，坚持沟通，真诚相处，不断扩大共同利益的框架，通过双边关系的稳定为构建人类命运共同体创造条件。中国致力于“在坚持不结盟原则的前提下广交朋友，形成遍布全球的伙伴关系网络”[②]，迄今已取得显著的成就，截至 2017 年底，中国已经同 100 多个国家和国际组织建立了不同形式的伙伴关系。尽管在名称上有全面战略伙伴关系、战略伙伴关系、全面友好合作伙伴关系、全面合作伙伴关系、友好伙伴关系等不同的表述，在内容上有着合作广度与深度的区别，但都是建立在平等互利、不结盟的基础之上。打造全球伙伴关系网络，走出了一条结伴而不结盟的国家间交往新路，丰富了新时代中国特色大国外交的理论和实践，为国际关系注入鲜明的中国特色，贡献了中国智慧。全球伙伴关系网络的持续推进，拓展了中国特色大国外交道路，对推动构建新型国际关系、构建人类命运共同体具有重要的意义，为开创中国特色大国外交新局面提供源源不断的动力。

第二，实现共同安全是构建人类命运共同体的重要保障。在经济全球化的时代，各国安全相互关联，彼此影响。安全是普遍的，不能一个国家安全而其他国家不安全，一部分国家安全而另一部分国家不

---

① 习近平．习近平谈治国理政：第 2 卷．北京：外文出版社，2017：454.

② 同①444.

安全，更不能牺牲别国安全谋求自身所谓绝对安全。国际社会没有安全，就不可能打造人类命运共同体。习近平主席提出："我们要摒弃一切形式的冷战思维，树立共同、综合、合作、可持续安全的新观念。"① 共同安全，就是要尊重和保障每一个国家的安全；综合安全，就是要统筹维护传统领域和非传统领域的安全；合作安全，就是要以和平的方式解决争端，通过对话合作增进战略互信，以合作谋和平，以合作促安全；可持续安全，就是要发展和安全并重以实现持久安全，既重视发展问题，又重视安全问题，发展是安全的基础，安全是发展的条件。"贫瘠的土地上长不成和平的大树，连天的烽火中结不出发展的硕果。"② 从内涵来看，共同、综合、合作、可持续安全观是在新的历史条件下，中国站在构建人类命运共同体的高度，对传统安全观念的突破和创新。这一新安全观尝试从更长远和更宏观的角度思考安全问题，不仅在经济全球化、社会信息化条件下赋予共同安全、综合安全、合作安全等理念全新的意义，而且强调安全与发展的相互促进，将可持续发展引入安全观念，极大更新了传统的安全观念，旨在营造公道正义、共建共享的安全格局，推动人类命运共同体的实现。

第三，坚持共同发展是实现人类命运共同体的基石。发展问题是当今世界的核心问题，世界经济发展不平衡导致的贫富差距和贫困化问题，阻碍了世界经济的整体繁荣，不利于世界和平稳定的维护和共同安全的构建。同时，发展理念的内涵不断拓展，从单纯追求经济的高速增长到主张社会与经济的同步发展，再到强调经济、社会、环境的协调发展，可持续发展理念主导了当前的全球发展议程。因此，习近平主席提出："大家一起发展才是真发展，可持续发展才是好发展。要实现这一目标，就应该秉承开放精神，推进互帮互助、互惠互利。"③ 中国在国际经济合作中一贯倡导以合作取代对抗，以共赢取

① 习近平．习近平谈治国理政：第2卷．北京：外文出版社，2017：523.
② 习近平．习近平谈治国理政．北京：外文出版社，2014：356.
③ 同①524.

代独占，努力将自身经济建设需要与他国经济发展利益紧密对接，与各国共享发展利益，坚持各国共同可持续发展，谋求开放创新、包容互惠的世界经济发展前景。面对经济全球化带来的发展失衡、公平公正问题，中国主张建设开放、包容、普惠、平衡、共赢的经济全球化，积极倡导全球自由贸易和互联互通，呼吁赋予新兴市场国家和发展中国家更多代表性和发言权，坚持多边主义，促进社会公平，推动各国从紧密相连的利益共同体迈向休戚与共的命运共同体。

第四，促进文明交流互鉴是实现人类命运共同体的牢固纽带。世界上有 200 多个国家和地区、2 500 多个民族、多种宗教。不同历史和国情，不同民族和习俗，孕育了不同文明。每种文明都有其独特魅力和深厚底蕴，都是人类的精神瑰宝。一花独放不是春，百花齐放春满园。文明没有高下、优劣之分，只有特色、地域之别。“文明因交流而多彩，文明因互鉴而丰富。文明交流互鉴，是推动人类文明进步和世界和平发展的重要动力。”① 历史反复证明，文明之间要对话，不要排斥；要交流，不要取代。任何运用强制手段消除文明差异的做法都不会成功，反而会给世界文明带来灾难。文明相处需要和而不同的精神，只有相互尊重，和谐共存，这个世界才能丰富多彩，欣欣向荣。坚持不同文明之间的平等对话，以文明交流互鉴取代文明对抗和文明冲突，不仅有利于将文明的多样性和差异性转化为促进各国共同发展的活力，而且有利于推动世界各国共同朝着和平与发展目标迈进。坚持不同文明之间的相互学习，坚持从本国本民族的实际出发，取长补短，择善而从，是平等对话基础上的深化。世界上没有一种文明是在完全封闭的环境中发展起来的，文明的产生和发展就是一部与其他文明碰撞、交流、融合的历史。借鉴其他文明的成果，汲取其他文明的精华，才能真正构建各种文明共同繁荣的人类命运共同体。

第五，推动生态建设是实现人类命运共同体的必要条件。生态环

---

① 习近平. 习近平谈治国理政. 北京：外文出版社，2014：258.

境是人类赖以生存和发展的外部空间和物质基础，工业文明的进步和科技的高度发达，使人类在创造前所未有的物质财富的同时，带来了诸多危及人类的环境问题。地球是一个不可分割的生态系统，环境问题不是某个国家或局部地区存在的危机，而是攸关全人类的生存发展，关系到全人类共同利益的重大问题。“建设生态文明关乎人类未来。国际社会应该携手同行，共谋全球生态文明建设之路，牢固树立尊重自然、顺应自然、保护自然的意识，坚持走绿色、低碳、循环、可持续发展之路。”① 只有如此，各国才能解决好工业文明带来的矛盾，实现人与自然和谐相处的新格局。生态环境也是生产力，保护生态环境就是保护生产力，改善生态环境就是发展生产力。在党的十八届五中全会上，习近平总书记提出创新、协调、绿色、开放、共享五大发展理念，将绿色发展作为中国经济社会发展的基本理念，将推动生态建设上升到国家发展战略的高度，这体现出中国打造人类命运共同体的决心与贡献。党的十九大将“坚持人与自然和谐共生”作为新时代坚持和发展中国特色社会主义的 14 条基本方略之一，这充分体现了中国生态文明观的新境界以及推动实现人类命运共同体的宗旨。

实现人类命运共同体的进程将是长期、曲折的。当前，国际关系中的诸多历史和现实矛盾仍然根深蒂固、错综复杂。霸权主义、强权政治仍然存在，零和思维、冷战思维仍然顽固。国家之间既有合作也有斗争，对立对抗屡见不鲜。虽然人类命运共同体的目标远未实现，但是这一思想“是对人类社会发展进步潮流的前瞻性思考，是需要国际社会为之长期奋斗的共同理想和愿景目标，同时也是各国共同破解当下发展与安全难题、正确处理相互关系所应秉持的共同价值、行为准则和手段路径”②。作为一种富有远见的战略思想，构建人类命运共同体任重道远，只能循序渐进、务实推进。

---

① 习近平．习近平谈治国理政：第 2 卷．北京：外文出版社，2017：525.

② 王毅．携手打造人类命运共同体．人民日报，2016-05-31.

五、倡导人类命运共同体理念的时代意义

人类命运共同体理念，是中国基于自身发展需要和世界发展趋势做出的战略判断，符合中国人民和世界人民的共同愿望和利益，既具有鲜明的中国特色，又蕴含全人类共同价值，对当代国际关系和中国的发展具有重要的引领意义。

第一，倡导人类命运共同体理念，为人类社会的发展进步指明了方向。习近平总书记在纪念中国共产党成立 95 周年大会上指出："为人类不断作出新的更大的贡献，是中国共产党和中国人民早就作出的庄严承诺。中国共产党和中国人民从苦难中走过来，深知和平的珍贵、发展的价值，把促进世界和平与发展视为自己的神圣职责。"①当前，世界正处于历史性变革之中，国际秩序以及全球治理体系正在发生深刻复杂的变化，只有动员、凝聚全世界各国人民的力量，才能形成有效应对全球性挑战的合力。中国倡导构建人类命运共同体，提出了推动国际秩序和国际体系变革的中国方案。按照这一方案，中国将与其他国家共同营造人人免于匮乏、获得发展、享有尊严的光明前景，建设"各美其美，美人之美，美美与共，天下大同"的美好世界。习近平主席 2015 年在联大讲话时提出，"和平、发展、公平、正义、民主、自由，是全人类的共同价值"②。这些共同的价值，是人类长期追求的目标，也是构建人类命运共同体的价值基础。倡导人类命运共同体理念，携手努力、同舟共济，才能让世界更美好，让人民更幸福。从这个角度而言，人类命运共同体理念是对传统国际关系理论的超越和创新，必将对未来国际关系发展产生深远影响，对推动人类社会的进步、推动世界和平与繁荣具有重要意义。

---

① 习近平．习近平谈治国理政：第 2 卷．北京：外文出版社，2017：41.

② 同①522.

第二，倡导人类命运共同体理念，为实现中华民族伟大复兴的中国梦提供了动力。2012 年 11 月 29 日，习近平总书记在参观《复兴之路》展览时，明确提出“中国梦”这一重要理念。“实现中华民族伟大复兴，就是中华民族近代以来最伟大的梦想。这个梦想，凝聚了几代中国人的夙愿，体现了中华民族和中国人民的整体利益，是每一个中华儿女的共同期盼。”[①] 他强调：“现在，我们比历史上任何时期都更接近中华民族伟大复兴的目标，比历史上任何时期都更有信心、有能力实现这个目标。”[②] 2013 年 3 月 17 日，在第十二届全国人民代表大会第一次会议上，习近平总书记将中国梦的本质和内涵概括为“国家富强、民族振兴、人民幸福”[③] 三位一体。作为对中华民族伟大复兴战略目标和发展道路的明确判断，中国梦已经成为中国国家发展战略的核心理念。倡导人类命运共同体理念，把中国人民的利益同世界各国人民的共同利益结合起来，与实现中华民族伟大复兴的中国梦在宗旨目标上是高度一致的。习近平总书记多次指出：“中国梦既是中国人民追求幸福的梦，也同各国人民追求幸福的梦想相通。国家好、民族好，大家才会好。世界好，中国才会好。”[④] 人类命运共同体理念赋予中国梦更加深刻的世界意义，把中国梦同世界梦联结起来，体现了中国将自身发展与世界共同发展相统一的全球视野、世界胸怀和大国担当。

第三，倡导人类命运共同体理念，为习近平新时代中国特色社会主义外交思想的形成奠定了基础。党的十八大以来，以习近平同志为核心的党中央，统筹国内国际两个大局，大力推进外交理论与实践创新，强调对外工作要有鲜明的中国特色、中国风格、中国气派，并就新形势下中国外交的目标、原则、途径等问题做出全面深入的阐述，形成中国特色大国外交的基本框架。构建人类命运共同体的思想是习

---

① 习近平. 习近平谈治国理政. 北京：外文出版社，2014：36.

② 同①35-36.

③ 同①39.

④ 同①64.

近平新时代中国特色社会主义外交思想的核心成果，是对人类文明进程和发展前景进行深入思考和判断的产物。它延续中国外交政策一贯的基本原则，将中国的自身繁荣强盛与世界的和平发展联系起来，占据了时代发展和人类道义的制高点，全面提升了中国外交思想的目标定位，已经成为引领中国特色大国外交的一面旗帜。在人类命运共同体理念的指导下，构建新型国际关系、践行正确义利观、推进全球治理体系变革、推动“一带一路”建设等重大外交理念创新相继施行，把中国特色大国外交的理论创新推向新的历史高度，极大丰富了习近平总书记治国理政的思想体系。

第四，倡导人类命运共同体理念，为全面推进中国特色大国外交实践准备了行动指南。面对复杂多变、新机遇新挑战层出不穷的国际形势，中国特色大国外交以实现中华民族伟大复兴和构建人类命运共同体为目标，开拓进取，构建了全方位、多层次、立体化的外交布局，开创了外交工作的新局面。具体表现为：建设周边命运共同体，把巩固睦邻友好格局置于外交全局的首要位置；倡导新型大国关系，打造健康稳定的大国关系框架；开创同发展中国家关系的新局面，切实做好对外援助工作；在外交工作中坚持正确义利观，认真履行外交为民的使命，有效维护中国的国际形象和不断拓展的海外利益；发挥负责任大国作用，为完善全球治理贡献中国智慧，更具建设性地参与解决各种全球性问题；坚持对外开放的基本国策，在“一带一路”建设等重大国际合作项目中创造更全面、更深入、更多元的对外开放格局；等等。“世界那么大，问题那么多，国际社会期待听到中国声音、看到中国方案，中国不能缺席。”① 在构建人类命运共同体思想的基础上，中国走出了一条有中国特色的大国外交之路，极大提升了中国的国际地位。

“大时代需要大格局，大格局需要大智慧。”② 人类命运共同体理

---

① 国家主席习近平发表二〇一六年新年贺词. 人民日报，2016-01-01.

② 习近平. 谋求持久发展　共筑亚太梦想——在亚太经合组织工商领导人峰会开幕式上的演讲. 人民日报，2014-11-10.

念具有深邃的战略视野和鲜明的中国特色，蕴含全人类共同价值，获得世界各国特别是发展中国家的广泛支持和积极回应。习近平主席指出："世界各国尽管有这样那样的分歧矛盾，也免不了产生这样那样的磕磕碰碰，但世界各国人民都生活在同一片蓝天下、拥有同一个家园，应该是一家人。世界各国人民应该秉持'天下一家'理念，张开怀抱，彼此理解，求同存异，共同为构建人类命运共同体而努力。"[①] 随着中国国家实力的上升，中国推动构建人类命运共同体的主张和实践将产生更为广泛的国际影响力，构建人类命运共同体的理论内涵也将得到丰富与发展，进一步彰显其高屋建瓴的时代意义。

① 习近平. 携手建设更加美好的世界. 人民日报，2017-12-02.

第二章

构建新型国际关系

2 构建新型国际关系

构建相互尊重、公平正义、合作共赢的新型国际关系，是中国顺应时代要求，为实现各国和各国人民共享平等尊严，共享发展成果，共享安全保障而提出的蓝图。它与构建人类命运共同体的思想一脉相承、互为补充，都承载着中国对建设美好世界的崇高理想和不懈追求。“新型国际关系侧重回答中国主张构建一种什么样的国家关系；命运共同体则进一步回答中国追求建设一个什么样的世界，具有更加丰富的政治、经济、安全、文明、生态等多方面内涵。”[①] 人类命运共同体是新型国际关系追求的目标，新型国际关系则集中阐明了近年来中国对国际形势的原则性立场，表明了中国作为负责任大国的意愿和抱负。

一、新型国际关系的提出及内涵

当今时代，国与国之间的相互依存空前紧密，利益共生不断深化。世界和平与发展面临的挑战越来越具有全局性、综合性和长远性，需要各国联手应对。2013 年 3 月，习近平主席在莫斯科国际关系学院发表演讲时指出：“要跟上时代前进步伐，就不能身体已进入 21 世纪，而脑袋还停留在过去，停留在殖民扩张的旧时代里，停留在冷战思维、零和博弈老框框内。面对国际形势的深刻变化和世界各国同舟共济的客观要求，各国应该共同推动建立以合作共赢为核心的新型国际关系，各国人民应该一起来维护世界和平、促进共同发展。”[②] 这是以合作共赢为核心的新型国际关系理念首次被明确提出。2014 年 11 月，习近平总书记在中央外事工作会议上强调：“我们要坚持合作共赢，推动建立以合作共赢为核心的新型国际关系，坚持互利共赢的开放战略，把合作共赢理念体现到政治、经济、安全、文化

① 王毅．中国特色大国外交的全面推进之年．国际问题研究，2016（1）．
② 习近平．习近平谈治国理政．北京：外文出版社，2014：273．

等对外合作的方方面面。”[①] 建立以合作共赢为核心的新型国际关系理念被确立为中国外交的框架性原则。2015 年 9 月，习近平主席出席联合国成立 70 周年系列峰会期间，进一步深入阐述新型国际关系理念，指出：新型国际关系理念是对《联合国宪章》宗旨原则的继承和弘扬。党的十九大将构建新型国际关系、构建人类命运共同体确定为中国外交的总目标，并进一步丰富、完善了新型国际关系的内涵。如今，以相互尊重、公平正义、合作共赢为内涵的新型国际关系成为引导 21 世纪国际关系发展的重要理念。

相互尊重是新型国际关系的前提。世界各国不分大小、强弱、贫富一律平等，不同制度、宗教、文明要一视同仁。要尊重各国不同历史文化传统和发展阶段性特点，尊重彼此的核心利益和重大关切，尊重各国人民的自主选择。国家主权平等不仅体现为各国主权和领土完整不容侵犯、内政不容干涉，还体现为各国自主选择社会制度和发展道路的权利得到维护，体现为各国推动经济社会发展、改善人民生活的实践受到尊重。中国在外交实践中始终坚持相互尊重的前提，坚持和平共处五项原则，倡导国际关系民主化。习近平总书记强调，各国应该尊重彼此核心利益和重大关切。各国都是国际社会平等成员，各国的事务应该由各国人民自己来管。[②] 相互尊重是国际关系行为主体平等交往和良性互动的基本要求，是构建新型国际关系的出发点。

公平正义是新型国际关系的准则。公平正义，是人类社会努力追求的目标，也是中国特色社会主义的内在要求。党的十八大以来，习近平总书记高度关注公平正义问题，提出了一系列促进社会公平正义的重要论述。国际关系中的公平正义，是指顺应历史潮流，摒弃丛林法则，反对任何形式的霸权主义和强权政治，遵循平等互信、包容互见、合作共赢的原则，推动国际秩序朝着更加公正合理的方向发展。

① 习近平．习近平谈治国理政：第 2 卷．北京：外文出版社，2017：443.

② 习近平．弘扬和平共处五项原则 建设合作共赢美好世界——在和平共处五项原则发表 60 周年纪念大会上的讲话．人民日报，2014-06-29.

习近平主席 2014 年在访问巴西时说："公平正义是世界各国人民在国际关系领域追求的崇高目标。在当今国际关系中，公平正义远远没有实现。"[①] 为此，中国倡导国际关系民主化，推动国际关系法制化，主张国际关系合理化，支持联合国在国际事务中发挥核心作用，捍卫国际法和公认的国际关系准则，确保国际法平等统一适用，不搞双重标准；支持扩大发展中国家在国际事务中的代表性和发言权，积极为发展中国家仗义执言。

合作共赢是新型国际关系的核心内容，具有鲜明的时代特征和中国特色。合作共赢主张：合作是途径，以合作取代对抗；共赢是目标，以共赢取代独占。经济全球化的客观要求将世界各国紧密联系在一起，而人类面临的诸多全球性挑战又无法依靠单个国家来解决，因此必须走合作的道路，树立共同体意识，摒弃不符合时代潮流的零和博弈、赢者通吃等国际关系旧思维，以合作赢得和平，以合作促进发展，以相互依存的共赢式发展取代零和式发展。共赢包含着对利益的追求，但并不止于对利益的追求，而是对共同发展的追求，强调利益追求中的道义和责任担当。合作共赢理念不是建立在淡化国家主权的基础上，而是以尊重主权国家的平等、独立自主、不可侵犯为前提，主张国家不论大小、强弱、贫富一律平等；合作建立在主权国家追求自身利益和履行国际义务之间平衡的基础之上，共赢是实现自身利益与人类共同利益一致的共同发展。只有实现各国共同发展，让更多人分享发展成果，世界和平才有坚实基础和有效保障，世界各国的发展才可以持续。

建立以合作共赢为核心的新型国际关系并非只适用于经济领域，合作共赢的理念与《联合国宪章》的宗旨原则具有内在的一致性，是通往新型国际关系的必由之路，对于政治、安全、文化领域也普遍适用。政治上，合作共赢意味着对话而不对抗，结伴而不结盟。习近平

---

① 习近平．弘扬传统友好　共谱合作新篇——在巴西国会的演讲．人民日报，2014-07-18.

主席说过："志同道合，是伙伴。求同存异，也是伙伴。"① 中国主张在国际关系中尊重各国选择自主的对外政策，尊重各国自主选择的社会制度和发展道路，反对以大欺小、恃强凌弱。安全上，合作共赢意味着树立共同安全、合作安全、综合安全和可持续安全的观念，坚持通过对话协商和平解决国家间争端，反对动辄使用武力或以武力相威胁，走出一条各国共建、共享、共赢的安全之路。文化上，合作共赢意味着相互欣赏、彼此包容，在相互交流中取长补短、和谐发展。杜绝文化沙文主义和文化霸权主义，从不同文化中汲取营养，寻求智慧，共享人类文明成果，推动人类进步发展。总之，零和思维已经过时，世界各国必须走出一条和衷共济、合作共赢的新路子。合作共赢理念为解决国际关系中的矛盾分歧开辟了新思路，顺应了国际社会的普遍愿望，成为构建新型国际关系的核心。

以合作共赢为核心的新型国际关系，不是空中楼阁，而是建立在中国改革开放以来的外交实践和经验总结基础之上的。30 多年来，中国摸索出一条区别于历史上大国崛起的道路，开创了利用世界和平的时机发展自身，又通过自身发展促进世界和平的独特模式。这种模式"把国内发展与对外开放统一起来，把中国发展与世界发展联系起来，把中国人民利益同各国人民共同利益结合起来"②，长期坚持以合作的方式与世界打交道，即使是在那些西方国家主导下的不公正、不合理的体制内，中国也没有采取直接对抗和冲突的方式，而是在努力参与之后，运用增长的实力、通过渐进的方式去进行变革。"中国追求的是共同发展。我们既要让自己过得好，也要让别人过得好。"③中国取得的巨大成就，为世界各国创造了经济增长的机遇，为发展中国家树立了成功的典范。然而，一些国家出于地缘政治、意识形态、战略竞争等考虑，仍然对中国的发展怀有不信任，"中国威胁

① 习近平．谋求持久发展　共筑亚太梦想——在亚太经合组织工商领导人峰会上的演讲．人民日报，2014-11-10.

② 习近平．习近平谈治国理政．北京：外文出版社，2014：248.

③ 同②315.

论”“国强必霸”等论调在国际社会仍然有一定市场。从这个角度而言，中国提出建立以合作共赢为核心的新型国际关系，意在增信释疑，主动向世界表明中国的立场和担当：中国自身已经成功走出了一条和平发展的道路，有信心与世界各国一起再走出一条合作共赢的新路。

二、和平、发展、合作、共赢成为时代潮流

每一个历史发展阶段都有特定的主题，即时代主题。所谓时代主题，是指由该阶段基本矛盾所决定的、具有全局性和战略性的问题。随着世界基本矛盾的力量对比、相互关系发生变化，时代主题也会发生转换。对时代主题的正确认识，不单是一个重大理论问题，更是攸关国家总体发展战略的重大现实问题。

党的十一届三中全会之后，邓小平同志立足于维护改革开放和社会主义现代化建设的全局，着眼于谋划中国未来所处的有利国际环境，对时代主题问题进行了全面细致的科学分析和富有前瞻性的战略评估，深刻揭示了和平与发展两大时代主题。20 世纪 80 年代中期起，邓小平同志多次提出：“国际上有两大问题非常突出，一个是和平问题，一个是南北问题。”[①] “现在世界上真正大的问题，带全球性的战略问题，一个是和平问题，一个是经济问题或者说发展问题。和平问题是东西问题，发展问题是南北问题。概括起来，就是东西南北四个字。”[②] 邓小平同志关于两大问题的思想一经提出就引起广泛的反响，得到了世界范围内的支持和认同。1987 年，党的十三大把这一思想概括为“和平与发展是当代世界的主题”。1992 年，党的十四大又把和平与发展提高到“时代主题”的高度加以认识。2007 年，

---

① 邓小平文选：第 3 卷. 北京：人民出版社，1993：96.

② 同①105.

党的十七大重申："和平与发展仍然是时代主题，求和平、谋发展、促合作已经成为不可阻挡的时代潮流。"① 2012 年，党的十八大强调："和平与发展仍然是时代主题。"② 2017 年，党的十九大再次指出："世界正处于大发展大变革大调整时期，和平与发展仍然是时代主题。""中国将高举和平、发展、合作、共赢的旗帜，恪守维护世界和平、促进共同发展的外交政策宗旨，坚定不移在和平共处五项原则基础上发展同各国的友好合作，推动建设相互尊重、公平正义、合作共赢的新型国际关系。"③

面对日新月异的世界，中国牢牢把握和平与发展的时代主题，加速实施对外开放战略，不断深化合作理念，大力加强与世界各国的务实友好合作，共同应对各类全球性问题的挑战，寻求利益汇合点，致力于实现共赢。习近平总书记在坚持时代主题战略判断的基础上，深化了对世界大势及时代潮流的认识，指出，"这个世界，和平、发展、合作、共赢成为时代潮流"④。在强调和平、发展的同时提出了合作、共赢的理念，高度概括了当今时代国际关系发展的基本趋势与特征，丰富了新时期中国的时代观，对于开拓中国特色大国外交之路具有重要意义。

和平、发展、合作、共赢成为时代潮流，这一判断具有深刻的思想内涵和重要的现实意义。进入 21 世纪以来，影响世界和平与发展的不确定因素在增加，传统安全威胁和非传统安全威胁因素交织在一起，地区冲突连绵不绝；世界经济增长不稳定，贸易保护主义上升，发展不平衡加剧，南北差距持续扩大。但是，世界总体和平的基本态势没有改变，经济全球化的发展方向没有改变。维护世界和平，促进

---

① 胡锦涛．高举中国特色社会主义伟大旗帜 为夺取全面建设小康社会新胜利而奋斗——在中国共产党第十七次全国代表大会上的报告．人民日报，2007-10-25.

② 胡锦涛．坚定不移沿着中国特色社会主义道路前进 为全面建成小康社会而奋斗——在中国共产党第十八次全国代表大会上的报告．人民日报，2012-11-18.

③ 习近平．决胜全面建成小康社会 夺取新时代中国特色社会主义伟大胜利——在中国共产党第十九次全国代表大会上的报告．北京：人民出版社，2017：58.

④ 习近平．习近平谈治国理政．北京：外文出版社，2014：272.

共同发展，仍然是世界各国人民的共同愿望。和平是发展的前提条件，发展又是和平的重要保障。在和平中求发展，在发展中促和平，是人类社会走向美好未来的必由之路。与此同时，随着相互依存程度的加深，国家间关系越来越走向一荣俱荣、一损俱损，国家之间也许文化不同、信仰不同、制度不同，但合作共赢却是最大的公约数，理应成为处理国际关系的唯一理性选择。合作是共赢的必然途径，共赢是合作的共同目标。在合作中扩大共赢，在共赢中深化合作，协力解决关乎世界和平与发展和人类进步的重大问题。

和平、发展、合作、共赢成为时代潮流，这一判断为实现中华民族伟大复兴的中国梦创造了条件。中国梦的实现，离不开以和平、发展、合作、共赢为时代潮流的战略机遇期。党的十六大曾经指出，21世纪的头 20 年，对中国来说，是一个必须紧紧抓住并且可以大有作为的“重要战略机遇期”。机遇，是指有利的时间和空间。一个国家的战略机遇，就是那些能够对国家的整体及长远发展产生积极影响的、具有战略意义的时机、条件和因素。党的十八大以来，习近平总书记反复强调中国发展战略机遇期的判断没有改变，但战略机遇期的内涵和条件发生了深刻变化、发展理念和发展方式发生了转变。党的十九大进一步强调指出：“国内外形势正在发生深刻复杂变化，我国发展仍处于重要战略机遇期，前景十分光明，挑战也十分严峻。”[①] 这里重申的战略机遇期，是指从现在到 2020 年的全面建成小康社会决胜期。根据党的十九大提出的战略构想，从十九大到二十大是实现“两个一百年”奋斗目标的关键期。“中国梦是和平、发展、合作、共赢的梦，与世界各国人民的美好梦想息息相通，中国人民愿意同各国人民在实现各自梦想的过程中相互支持、相互帮助。”[②] 没有和平，中国和世界都不可能顺利发展；没有发展，中国和世界也不可能有持

---

① 习近平．决胜全面建成小康社会　夺取新时代中国特色社会主义伟大胜利——在中国共产党第十九次全国代表大会上的报告．北京：人民出版社，2017：2.

② 中共中央宣传部．习近平总书记系列重要讲话读本（2016 年版）．北京：学习出版社，2016：15-16.

久和平；没有合作共赢，人类就没有美好的未来。中国梦不仅造福中国人民，而且造福世界各国人民。实现中国梦给世界带来的是和平，不是动荡；是机遇，不是威胁。

和平、发展、合作、共赢成为时代潮流，这一判断为建立以合作共赢为核心的新型国际关系提供了理论前提。

和平是构建新型国际关系的共同基础。“和平是人民的永恒期望。和平犹如空气和阳光，受益而不觉，失之则难存。”① 中华民族历来爱好和平，中国人的血脉中没有称王称霸、穷兵黩武的基因。坚持独立自主的和平外交政策，是中国对外关系的基础。面对当前风云变幻的国际形势，中国作为负责任大国，始终是世界和平的坚定捍卫者和时代潮流的坚定推动者。

发展是构建新型国际关系的根本途径。中国致力于促进世界各国的共同发展，做全球发展的贡献者。2015 年 9 月，习近平主席在出席联合国发展峰会时提出了中国的新发展观：“共同走出一条公平、开放、全面、创新的发展之路，努力实现各国共同发展。”② 发展必须公平，让发展机会更加均等。一个国家发展、其他国家不发展，一部分国家发展、另一部分国家不发展，这不是真正的发展；发展必须开放，相互借鉴发展经验，让发展成果为各国人民共享；发展必须全面，努力实现经济、社会、环境协调发展，实现人与社会、人与自然和谐相处；发展必须创新，以改革创新激发潜力，培育新的核心竞争力。

合作是构建新型国际关系的必由之路。和平发展离不开合作。唯有合作才能维护世界和平，唯有合作才能促进共同发展。中国长期坚持在和平共处五项原则基础上发展同世界各国的友好合作。2015 年 4 月，习近平主席出席亚非领导人会议时，提出了以深化亚非合作、拓展南南合作、推进南北合作为核心的合作观。

---

① 习近平．习近平谈治国理政．北京：外文出版社，2014：331.

② 习近平．习近平在联合国成立 70 周年系列峰会上的讲话．北京：人民出版社，2015：2.

共赢是构建新型国际关系的本质要求。共赢的价值在于突破零和博弈的思维定式，超越“国强必霸”的固有逻辑。“中国倡导的新机制新倡议，不是为了另起炉灶，更不是为了针对谁，而是对现有国际机制的有益补充和完善，目标是实现合作共赢、共同发展。中国对外开放，不是要一家唱独角戏，而是要欢迎各方共同参与；不是要谋求势力范围，而是要支持各国共同发展；不是要营造自己的后花园，而是要建设各国共享的百花园。”①

高扬和平、发展、合作、共赢时代潮流的旗帜，中国推动中国特色大国外交实践取得了一系列重大成就，对建设相互尊重、公平正义、合作共赢的新型国际关系具有重要的指导意义。

三、坚定不移走和平发展道路

和平发展道路是一条和平与发展相互依存、内政与外交有机统一、本国利益与人类共同利益密切结合的新型发展道路，是国际关系史上一大创举，也是人类社会发展的一大进步。坚持走和平发展道路不仅写入党的十七大、十八大、十九大报告，而且载入宪法和《中国共产党章程》，已经上升为国家意志，转化为国家发展规划和大政方针，落实在中国发展进程的广泛实践中。习近平总书记多次就中国走和平发展道路这一重大问题做出全面、深刻而又精辟的论述，指出：“中国早就向世界郑重宣示：中国坚定不移走和平发展道路，既通过维护世界和平发展自己，又通过自身发展维护世界和平。走和平发展道路，是中国对国际社会关注中国发展走向的回应，更是中国人民对实现自身发展目标的自信和自觉。”② 面对风云变幻的国际形势，面对“修昔底德陷阱”“国强必霸”等质疑，中国始终坚定不移走和平

① 习近平．中国发展新起点 全球增长新蓝图——在二十国集团工商峰会开幕式上的主旨演讲．人民日报，2016-09-04．

② 习近平．习近平谈治国理政．北京：外文出版社，2014：265．

发展道路，通过争取和平国际环境发展自己，又以自身发展维护和促进世界和平。

中国坚持走和平发展道路，不是权宜之计，更不是外交辞令，而是中国的战略选择和郑重承诺，具有深刻的历史必然性和现实必要性。走和平发展道路，是中华民族优秀文化传统的传承和发展，也是中国人民从近代以后苦难遭遇中得出的必然结论。和平发展道路来之不易，是新中国成立以来特别是改革开放以来经过不断的探索和实践而逐步形成的。在长期的实践中，我们提出和坚持了和平共处五项原则，确立和奉行了独立自主的和平外交政策，向世界做出了永远不称霸、永远不搞扩张的承诺。随着中国的快速崛起，国际社会出现了形形色色的“中国威胁论”和“国强必霸”的论调，认定中国难以摆脱历史上西方大国靠侵略扩张崛起的老路。中国明确提出走和平发展道路，就是要走出一条以和平方式实现国家发展和民族复兴的新路。改革开放 40 年来的经验已经证明，和平发展道路顺应历史潮流，符合中国根本利益，符合世界各国利益，没有理由去改变它。党的十八大提出了“两个一百年”奋斗目标，继而还提出了实现中华民族伟大复兴中国梦的奋斗目标。尽管中国已经成为世界第二大经济体，但人均水平仍然落后，中国仍然是世界上最大的发展中国家，发展不平衡、不协调、不可持续的现象仍将持续相当长的时间，只有继续坚定不移走和平发展道路，推动中国的和平发展进入一个新的历史阶段，才能实现自己的目标。因此，“任何人、任何事、任何理由都不能动摇中国走和平发展道路的决心和意志”①。

习近平总书记将统筹国内国际两个大局与实现和平发展联系起来，为中国坚持走和平发展道路指明了方向。“我们要以邓小平理论、‘三个代表’重要思想、科学发展观为指导，加强战略思维，增强战略定力，更好统筹国内国际两个大局，坚持开放的发展、合作的发

① 习近平．共倡开放包容　共促和平发展——在伦敦金融城市长晚宴上的演讲．人民日报，2015-10-23.

展、共赢的发展，通过争取和平国际环境发展自己，又以自身发展维护和促进世界和平，不断提高我国综合国力，不断让广大人民群众享受到和平发展带来的利益，不断夯实走和平发展道路的物质基础和社会基础。”① 中国走和平发展道路不仅取决于中国的主观意愿，也取决于中国能否具备实现和平发展的内外条件。中国和平发展道路是在把握世界大势和总结中国改革开放经验教训的基础上形成的，为了更好统筹国内国际两个大局，就必须更加注重从国际国内形势的相互联系中把握发展方向，从国际国内资源的优势互补中创造发展条件，从国际国内因素的综合作用中掌握发展全局。“世界繁荣稳定是中国的机遇，中国发展也是世界的机遇。和平发展道路能不能走得通，很大程度上要看我们能不能把世界的机遇转变为中国的机遇，把中国的机遇转变为世界的机遇，在中国与世界各国良性互动、互利共赢中开拓前进。”②

习近平总书记阐明了维护国家核心利益与走和平发展道路之间的关系，指出中国走和平发展道路是有原则、有底线的。“我们要坚持走和平发展道路，但决不能放弃我们的正当权益，决不能牺牲国家核心利益。任何外国不要指望我们会拿自己的核心利益做交易，不要指望我们会吞下损害我国主权、安全、发展利益的苦果。中国走和平发展道路，其他国家也都要走和平发展道路，只有各国都走和平发展道路，各国才能共同发展，国与国才能和平相处。”③ 中国走和平发展道路不会以损害自己的国家利益为代价，坚持走和平发展道路不是绝对的、无条件的。和平不是自发的，而是只有争取、维护和斗争才能实现的。当中国的主权、安全、发展利益受到威胁，中国会坚决运用一切手段捍卫国家核心利益，这与走和平发展道路并不矛盾，而是内在统一的。和平发展是时代潮流，走和平发展道路是世界各国的共同责任，只有更多国家走上和平发展道路，才能实现长期的和平发展。

---

① 习近平．习近平谈治国理政．北京：外文出版社，2014：247.
② 同①248.
③ 同①249.

坚持走和平发展道路是实现中华民族伟大复兴中国梦的道路选择。世界各国国情千差万别，不存在一成不变的发展模式，只有最适合本国国情的发展道路。中国特色社会主义道路不仅仅意味着中国走出了一条通向现代化的成功之路，而且意味着中国通过和平发展打破了“国强必霸”的大国崛起传统模式。中国深刻认识到走和平发展道路的重要性和长期性，认识到国内外环境变化的深刻性和复杂性，将坚持不忘初心、继续前进，始终不渝走和平发展道路。同时，中国将广泛深入宣传坚持走和平发展道路的思想，推动国际社会正确认识和对待中国的发展，为和平发展道路和中国特色大国外交开辟更为广阔的前景。

四、拓展周边睦邻友好关系

周边是中国外交的优先方向，巩固、拓展周边睦邻友好关系是中国走和平发展道路的立足点，也是践行新型国际关系的示范区。中国是周边环境最复杂的大国，同 14 个国家陆地接壤，与 6 个国家隔海相望，还有 9 个虽不接壤但属于近邻的国家。中国的和平稳定、发展繁荣始于周边，中国与世界关系的变化，首先反映在中国与周边国家关系的变化上。“无论从地理方位、自然环境还是相互关系看，周边对我国都具有极为重要的战略意义。”[①] 在世界范围内，中国周边充满生机活力，有明显发展优势和潜力，周边环境总体上是稳定的，睦邻友好、互利合作是周边国家与中国关系的主流。但是，周边国家在历史文化、民族宗教、政治制度、发展水平等各方面都存在很大差异，近年来，随着中国与周边国家联系更加紧密、利益更加融合，周边环境发生了很大变化，周边的一些领土主权问题和海洋权益争端开始凸显，周边外交出现了一些新情况，客观上要求周边外交工作必须

① 习近平．习近平谈治国理政．北京：外文出版社，2014：296-297.

与时俱进、更加主动。

2013 年 4 月的博鳌亚洲论坛上，习近平主席明确表示：“中国将坚持与邻为善、以邻为伴，巩固睦邻友好，深化互利合作，努力使自身发展更好惠及周边国家。”① 2013 年 9 月、10 月，习近平主席在哈萨克斯坦和印度尼西亚相继提出建设丝绸之路经济带和 21 世纪海上丝绸之路的构想，绘就了中国同周边国家全面拓展合作的宏伟蓝图，得到了周边国家的广泛响应。在此基础上，2013 年 10 月召开了新中国成立以来的首次周边外交工作座谈会，习近平总书记发表了重要讲话，明确了新形势下中国周边外交的战略目标、基本方针和总体布局。他指出：“周边外交的战略目标，就是服从和服务于实现‘两个一百年’奋斗目标、实现中华民族伟大复兴，全面发展同周边国家的关系，巩固睦邻友好，深化互利合作，维护和用好我国发展的重要战略机遇期，维护国家主权、安全、发展利益，努力使周边同我国政治关系更加友好、经济纽带更加牢固、安全合作更加深化、人文联系更加紧密。”② 周边外交在中国外交全局中的重要性明显加强。

习近平总书记强调：“我国周边外交的基本方针，就是坚持与邻为善、以邻为伴，坚持睦邻、安邻、富邻，突出体现亲、诚、惠、容的理念。”③

“亲”是指巩固地缘相近、人缘相亲的友好情谊，从情感上增强亲近感和认同感，“要坚持睦邻友好，守望相助；讲平等、重感情；常见面，多走动；多做得人心、暖人心的事，使周边国家对我们更友善、更亲近、更认同、更支持，增强亲和力、感召力、影响力”④。

“诚”是指坚持以诚待人、以信取人的相处之道，言行一致。“要诚心诚意对待周边国家，争取更多朋友和伙伴。”⑤ 中华民族历来讲究诚信，中国始终坚持按照和平共处五项原则处理与周边国家的关

① 习近平. 习近平谈治国理政. 北京：外文出版社，2014：332.

②③④⑤ 同①297.

系，真心实意为周边地区发展谋福利。

“惠”是指履行惠及周边、互利共赢的合作理念，让周边国家感受到中国发展带来的机遇和好处，和中国一道实现合作共赢，共同发展。“要本着互惠互利的原则同周边国家开展合作，编织更加紧密的共同利益网络，把双方利益融合提升到更高水平，让周边国家得益于我国发展，使我国也从周边国家共同发展中获得裨益和助力。”①

“容”是指展示开放包容、求同存异的大国胸怀，尊重和理解周边国家根据本国国情所制定的政策以及所选择的发展道路，尊重彼此的文化和历史。只有在尊重和理解的基础上彼此包容，才能化解矛盾，消除分歧，实现共赢。“要倡导包容的思想，强调亚太之大容得下大家共同发展，以更加开放的胸襟和更加积极的态度促进地区合作。”②

亲、诚、惠、容相互联系、相互交织，表达了中国与周边邻国增进感情、坦诚相待、互惠互利、包容发展的愿望。习近平总书记对周边外交基本方针的阐述，将中国与周边国家关系提到道德和情感的高度，体现出中国与周边国家谋求共同发展的美好愿望和非零和的新思维，展现了中国欢迎周边国家和人民分享中国改革开放红利的亲和与自信。在注重同周边国家加强经济关系的同时，中国从全局着眼，努力提高与周边国家关系的质量，营造经济上依存、安全上互信、文化上亲近的全方位关系，推动中国与周边国家进一步深化互利共赢格局，推动亲、诚、惠、容理念成为地区国家遵循和秉持的共同理念和行为准则。

进入新时代，习近平总书记的足迹遍及周边国家和地区，中国的辐射力和影响力不断扩大，周边外交布局日趋成熟。“中国的发展进程得到周边国家帮助和支持，中国发展成果也为周边国家所分享。中国愿意把自身发展同周边国家发展更紧密地结合起来，欢迎周边国家

① 习近平．习近平谈治国理政．北京：外文出版社，2014：297.

② 同①297-298.

搭乘中国发展‘快车’、‘便车’，让中国发展成果更多惠及周边，让大家一起过上好日子。”[①] 频繁的高层互访是加强同周边国家各领域合作的基础，政治互信得到增强，中国与周边国家的关系更加密切。密切的经贸合作有利于编织紧密的共同利益网络，构建一系列地区合作制度来巩固深化周边合作成果。军事安全领域的合作提高了中国同周边国家的军事互信，对维护地区局势的安全与稳定起到了积极作用。文化、科技、体育等人文领域的交流提升了中国文化的软实力，增进了中国与周边国家人民之间的感情。通过践行亲、诚、惠、容周边外交理念，中国与周边国家在各个领域的交流合作取得了显著成绩，对实现睦邻友好、互利共赢局面具有重要意义。

在东北亚，中国坚定推进朝鲜半岛无核化，坚定维护自身正当利益和战略安全环境，坚持通过对话谈判解决核问题以维护半岛和平稳定。中国“高度重视中朝友好合作关系，维护好、巩固好、发展好中朝关系始终是中国党和政府坚定不移的方针”[②]。中韩两国是天然的合作伙伴，良好的中韩关系符合历史和时代大势，也是两国人民的共同愿望。中韩关系因“萨德”问题出现了波折，只有尊重彼此核心利益和重大关切，双边关系才能沿着正确方向前进。中日关系近年受历史问题、领土问题和战略互信不足的影响而出现困难，中国本着“以史为鉴，面向未来”的精神，推动中日关系沿着正确方向发展。中蒙是山水相依的近邻，中国坚持互信、合作、共赢原则，丰富中蒙全面战略伙伴关系内涵。

东南亚是中国周边外交的优先方向。中国和东南亚山水相连、血脉相通，中国坚定发展同东盟的友好合作，坚定支持东盟发展壮大，坚定支持东盟共同体建设，坚定支持东盟在东亚区域合作中发挥主导作用。2013 年 10 月，习近平主席倡议建设更为紧密的“中国-东盟命运共同体”，中国东盟关系发展进入新时代，最有可能打造成为构

---

① 习近平. 深化合作伙伴关系 共建亚洲美好家园——在新加坡国立大学的演讲. 人民日报，2015-11-07.

② 习近平同金正恩举行会谈. 人民日报，2018-03-29.

建人类命运共同体的典范。

中亚是中国西北边疆安全屏障和经贸、能源战略合作伙伴。中国同中亚国家关系发展面临难得机遇，双方携手增进互信、巩固友好、加强合作，促进共同发展繁荣，为各国人民谋福祉。中国是中亚各国牢靠、可信赖的朋友和伙伴，“决不干涉中亚国家内政。中国不谋求地区事务主导权，不经营势力范围”①。

中国和南亚各国是重要的合作伙伴。中国愿同南亚各国和睦相处，愿为南亚发展添砖加瓦。“中国同南亚的合作，犹如等待发掘的巨大宝藏，令人憧憬。”② 印度是南亚最大国家。中国期待同印度一起，为南亚发展贡献更大力量，让喜马拉雅山脉两侧的 30 亿人民共享和平、友谊、稳定、繁荣。巴基斯坦是中国的好朋友、好邻居、好伙伴、好兄弟，中巴关系已提升为全天候战略伙伴关系，“全天候就是风雨无阻、永远同行的意思。这一定位是中巴全天候友谊和全方位合作的鲜明写照”③。

着眼于同周边国家共同发展的现实与长远需要，中国积极推动周边各种机制的建设，继续强化原有机制，积极参与新的机制建设，从而推动周边合作的长期化、稳定化、持续化，有助于扩大和深化中国与周边国家在各领域的交流合作。上海合作组织作为中国打造的首个地区性国际组织，已经成为拥有 8 个成员国、4 个观察员国、6 个对话伙伴国的重要力量，不仅在安全、经济、人文等合作领域取得丰硕成果，而且在机制建设方面也迈出了历史性步伐。习近平主席在 2018 年上海合作组织成员国青岛峰会上指出：“上海合作组织始终保持旺盛生命力、强劲合作动力，根本原因在于它创造性地提出并始终践行‘上海精神’，主张互信、互利、平等、协商、尊重多样文明、谋求共同发展。这超越了文明冲突、冷战思维、零和博弈等陈旧观

---

① 习近平．习近平谈治国理政．北京：外文出版社，2014：288.

② 习近平．携手追寻民族复兴之梦——在印度世界事务委员会的演讲．人民日报，2014-09-19.

③ 习近平．构建中巴命运共同体　开辟合作共赢新征程——在巴基斯坦议会的演讲．人民日报，2015-04-22.

念，掀开了国际关系史崭新的一页，得到国际社会日益广泛的认同。”[①] 在始终如一支持上海合作组织发展的同时，中国还大力推动亚太经合组织的运行，倡导建立亚太自贸区，积极参与亚信峰会、东亚峰会等周边对话机制，启动中国-东盟自贸区升级版的建设，倡导筹建亚投行，建设孟中印缅经济走廊、中巴经济走廊和中蒙俄经济走廊，推进区域全面经济伙伴关系和中日韩两大自贸区谈判，启动澜沧江-湄公河次区域合作机制等，为深化区域合作、促进互联互通做出了重大贡献，与周边国家和地区之间日益形成一个多层次的命运共同体。

当前，周边仍然存在诸多干扰中国走和平发展道路的不稳定、不确定因素，局部热点和敏感问题集中，地区安全合作长期滞后于经济合作。中国致力于妥善解决周边地区热点问题，为推动周边局势稳定发挥建设性作用。对于历史遗留下来的领土主权问题和海洋权益争端，中国坚决维护自身的领土主权和正当合理的海洋权益，同时主张在充分尊重历史事实和国际法的基础上，通过对话和谈判寻找妥善解决办法，反对采取使争议扩大化、复杂化的行动。对于一时解决不了的问题，中国主张搁置争议、共同开发，通过对话合作逐步减缓分歧，为今后彻底解决问题创造条件。“做好新形势下周边外交工作，要从战略高度分析和处理问题，提高驾驭全局、统筹谋划、操作实施能力，全面推进周边外交。”[②] 在习近平总书记周边外交新思想的指导下，中国与周边国家一起开创了周边外交新局面，为打造周边地区新型国际关系而共同努力。

五、构建新型大国关系

大国是影响世界和平与发展的重要力量。大国之间，尤其是新兴

---

① 习近平．弘扬“上海精神” 构建命运共同体——在上海合作组织成员国元首理事会第十八次会议上的讲话．人民日报，2018-06-11.

② 习近平．习近平谈治国理政．北京：外文出版社，2014：298.

大国与既有大国之间由竞争走向对抗甚至冲突，陷入所谓的“修昔底德陷阱”，是西方国际关系理论的固有逻辑。作为当今最主要的发展中大国，中国并不认同这个所谓的“历史宿命”，而是提出了构建新型大国关系的新理念，努力打破这一所谓的“大国关系定律”，开创新时代大国关系的新模式。

新型大国关系，是与历史上要么结盟要么对抗的旧式大国关系相对而言的，倡导大国之间不冲突不对抗、相互尊重、合作共赢、管控分歧。2013 年 6 月，习近平主席与美国总统奥巴马在安纳伯格庄园会晤时，提出共同构建不冲突不对抗、相互尊重、合作共赢的新型大国关系，并指出“面对经济全球化迅速发展和各国同舟共济的客观需求，中美应该也可以走出一条不同于历史上大国冲突对抗的新路”[①]，为两国关系未来发展指明了方向。2014 年 11 月，习近平总书记在中央外事工作会议上强调，“要切实运筹好大国关系，构建健康稳定的大国关系框架，扩大同发展中大国的合作”[②]。党的十九大再次强调指出“构建总体稳定、均衡发展的大国关系框架”[③]。尽管构建新型大国关系的新理念是针对中美关系提出的，但其内涵同样也适用于其他大国关系。不冲突不对抗，就是摒弃冷战思维，大国之间不应把对方视为现实或潜在的战略对手，不以排斥、遏制的举措针对他国的实力增长和发展趋势；相互尊重，就是相互包容、求同存异，尊重各国人民自主选择社会制度和发展道路的权利，允许各国根据自身的历史、文化和现实发展自己；合作共赢，就是大国之间通过扩大合作实现互利共赢，各国应将避免对抗、寻求合作视为最低限度的共同利益，在考虑自身利益的同时兼顾共同利益的扩大，不能做损人利己的事情，更不能做以邻为壑的事情；管控分歧，就是大国共同建立、维持各种全球性、地区性的国际机制，理性看待彼此间的矛盾和分歧，

---

① 习近平．习近平谈治国理政．北京：外文出版社，2014：279.

② 同①444.

③ 习近平．决胜全面建成小康社会　夺取新时代中国特色社会主义伟大胜利——在中国共产党第十九次全国代表大会上的报告．北京：人民出版社，2017：59-60.

保持密切沟通，将难以解决的矛盾和分歧控制在一定的范围和程度上，防止大国关系偏离正常轨道。

当前，大国关系合作与竞争并存，主要竞争方式已经转变为以经济和科技为核心的综合国力竞争。因此，构建新型大国关系具有充分的客观现实依据，有望打破大国关系的历史宿命，超越新兴大国与守成大国必定冲突的"修昔底德陷阱"，开创大国关系的新模式和大国崛起的新道路。但是，新型大国关系的实现，仍需要大国的主观努力。现阶段西方大国对非西方的新兴发展中大国仍然存在打压和遏制的意图，如果固守权力政治逻辑，大国之间的合作就会因战略猜忌和利益冲突受到很大限制。新型大国关系的构建不可能一蹴而就，中国要以更加开放的姿态，通过深化国际合作来拓宽同各大国的共同利益，推动构建新型大国关系。

中俄关系是新型大国关系的典范。俄罗斯是中国最大的邻国。两国拥有广泛的共同利益，是好邻居、好伙伴、好朋友。中俄之间已经建立起平等信任、相互支持、共同繁荣、世代友好的全面战略协作伙伴关系。正如习近平主席指出的那样："中俄关系是世界上最重要的一组双边关系，更是最好的一组大国关系。一个高水平、强有力的中俄关系，不仅符合中俄双方利益，也是维护国际战略平衡和世界和平稳定的重要保障。"① 双方都把对方作为本国外交优先方向，和睦相处、平等相待，在涉及彼此核心利益问题上相互坚定支持，相互尊重并坚定支持对方走符合本国国情的发展道路，建立起高度政治互信；双方都把对方发展视为本国发展的机遇，相互坚定支持对方办好自己的事，相互坚定支持对方发展强大，相互给力借力，致力于共同发展，实现共同繁荣；双方建立起完备的高层交往机制，及时就彼此关切的重大问题密切沟通、深入磋商、坦诚交流，化解合作中出现的困难和问题，确保双边关系高水平运行；双方基于共赢原则开展互利互惠经济合作，合作领域从单纯贸易扩展到投资、融资、能源、航空航

① 习近平. 习近平谈治国理政. 北京：外文出版社，2014：275.

天、高技术、高铁、农业等各个领域，合作方式从单纯买卖关系扩展到联合研发、联合生产，合作层次从边境贸易发展到战略性大项目，经济利益深度交融；双方人文交流蓬勃开展，两国民众相互好感增多，传统友谊日益巩固；双方在国际和地区事务中密切协调和配合，在联合国、上海合作组织、金砖国家、二十国集团等国际和地区组织中相互支持协作，共同推动国际和地区热点问题政治解决进程，完善全球治理体系，成为促进国际和平稳定的关键因素和建设性力量。通过两国元首近年来高瞻远瞩的战略引领和顶层设计，中俄全面战略协作伙伴关系远远超出了双边范畴，发展成为勇于承担更多历史使命的责任共同体。

中美关系是当今世界最复杂的双边关系，也是中国构建新型大国关系的重点和难点。中美两国经济总量占世界三分之一，人口占世界四分之一，贸易总量占世界五分之一。中美构建新型大国关系，实现双方不冲突不对抗、相互尊重、合作共赢，是两国人民和国际社会的普遍愿望，是符合时代潮流的正确选择，体现了中美双方决心打破大国冲突对抗的传统规律、开创大国关系发展新模式的政治担当。不冲突不对抗，是中美构建新型大国关系的必要前提。相互尊重，是中美构建新型大国关系的基本原则。合作共赢，是中美构建新型大国关系的必由之路。“宽广的太平洋两岸有足够空间容纳中美两个大国。”[①] 作为世界上最大的发展中国家和最大的发达国家，中美合作前景广阔。无论是各自国家经济发展，还是促进全球经济稳定复苏，无论是处理国际和地区热点问题，还是应对各种全球性挑战，两国都有着巨大的共同利益和坚实的合作基础，合作共赢是两国关系的唯一正确选择。“中美建设新型大国关系前无古人、后启来者。中美需要在加强对话、增加互信、发展合作、管控分歧的过程中，不断推进新型大国关系建设。”[②] 中美两国国情各异，历史文化、发展道路、社会制度、

① 习近平会见美国国务卿克里. 人民日报，2013-04-14.

② 习近平. 习近平谈治国理政. 北京：外文出版社，2014：280.

民众诉求不尽相同，双方存在分歧在所难避。双方应该相互理解，以宽广的胸怀对待差异，以积极的举措管控分歧。中国的迅速崛起撼动了美国主导的国际体制，美国特朗普政府将中国视为战略对手和潜在威胁，日益加大在经济上和地缘上对中国的遏制力度，给双边关系乃至国际关系的走向蒙上阴影。“世界上本无‘修昔底德陷阱’，但大国之间一再发生战略误判，就可能自己给自己造成‘修昔底德陷阱’。”① 两国之间的差异不应成为两国猜忌甚至摩擦的根源，而应成为求同存异、聚同化异、共同进步的动力。双方应按轻重缓急逐一妥善处理分歧，逐步确立起对话协商解决的习惯。中美两国合作好了，就可以做世界稳定的压舱石、世界和平的助推器。随着双边关系的战略意义与全球影响日益凸显，在把握两国关系走向时，应当有历史纵深感和未来穿透力，不断赋予中美关系新的内涵和动力。

欧洲是世界多极化的重要推动力量，中欧全面战略伙伴关系是中国推进构建新型国际关系的重要依托。“作为最大的发展中国家和最大的发达国家联合体，中欧是维护世界和平的‘两大力量’；作为世界上两个重要经济体，中欧是促进共同发展的‘两大市场’；作为东西方文化的重要发祥地，中欧是推动人类进步的‘两大文明’。”② 2013年11月，中国与欧盟制定了《中欧合作2020战略规划》，确定了中欧在和平与安全、繁荣、可持续发展、人文交流等领域加强合作的共同目标，双方商定以年度领导人会晤为战略引领，以高级别战略对话、经贸高层对话、高级别人文交流对话机制等中欧合作三大支柱为依托，通过定期会晤和各领域广泛对话，全面落实这一规划。2014年习近平主席访问欧洲期间提出：“共同努力建造和平、增长、改革、文明四座桥梁，建设更具全球影响力的中欧全面战略伙伴关系。”③ 这一倡议得到欧盟及欧洲各国的积极回应，中欧相互信任更深、伙伴

---

① 习近平. 在华盛顿州当地政府和美国友好团体联合欢迎宴会上的演讲. 人民日报，2015-09-24.

② 习近平会见欧洲理事会主席范龙佩和欧盟委员会主席巴罗佐. 人民日报，2013-11-21.

③ 习近平. 习近平谈治国理政. 北京：外文出版社，2014：282.

意愿更强、合作领域更广。中国-中东欧国家 16＋1 合作是中欧关系的重要组成部分，“形成了全方位、宽领域、多层次的合作格局，开辟了中国同传统友好国家关系发展的新途径，创新了中国同欧洲关系的实践，搭建了具有南北合作特点的南南合作新平台”①，有利于推动中欧关系全面均衡发展。

在中国与欧洲国家双边关系层面，进入 2018 年后，中法两国决定在相互信任、互惠互利原则的基础上进一步提升紧密持久的全面战略伙伴关系水平；中英两国决定赋予双方全球全面战略伙伴关系新的时代内涵，共同打造“黄金时代”增强版，提升中英关系“黄金时代”的战略性、务实性、全球性和包容性；中德自 2014 年建立全方位战略伙伴关系后，两国的合作广度和深度达到前所未有的水平，发展成为“合作共赢的示范者、中欧关系的引领者、新型国际关系的推动者、超越意识形态差异的合作者”②。双边层面的突破进一步提升了中欧合作水平，推动中欧全面战略伙伴关系取得更大发展。

中国与金砖国家的关系是新兴发展中大国合作的典范，是中国构建新型大国关系的增长点，为促进世界经济稳定和增长、完善全球治理、推动国际关系民主化做出了重要贡献。中国一直高度重视金砖国家间的合作，积极推动金砖国家合作从松散的论坛向更加制度化的协调机制发展，将加强金砖国家合作“列为外交优先领域，坚持同金砖国家做好朋友、好兄弟、好伙伴”③。通过坚持开放、包容、合作、共赢的金砖精神，金砖国家努力构建了全方位、多层次的合作架构，合作领域不断扩展，合作机制不断完善，合作成果不断涌现。金砖国家新开发银行的成立和应急储备安排的启动，有助于提高金砖国家在国际金融事务中的话语权，并帮助发展中国家抵御国际金融风险。在许多重大国际和地区问题上，金砖国家“同呼吸、共命运，既是息息

① 习近平集体会见出席第四次中国-中东欧国家领导人会晤的中东欧国家领导人. 人民日报，2015-11-27.

② 习近平与德国总理默克尔举行会晤. 人民日报，2018-05-25.

③ 习近平. 新起点　新愿景　新动力——在金砖国家领导人第六次会晤上的讲话. 人民日报，2014-07-17.

相关的利益共同体，更是携手前行的行动共同体”[①]，秉持国际公平正义、共同发声、仗义执言，开辟了南南合作新路径，加强了全球治理体系的代表性、平等性、时效性，已经成为推动全球治理体制改革的重要力量。

在金砖国家内部，中国和印度都是世界文明古国，都面临历史的发展机遇，“中印两国要做更加紧密的发展伙伴，共同实现民族复兴”；“要做引领增长的合作伙伴，携手推进亚洲繁荣振兴”；“要做战略协作的全球伙伴，推动国际秩序朝着更加公正合理的方向发展”[②]。巴西是第一个同中国建立战略伙伴关系的发展中国家，也是第一个同中国建立全面战略伙伴关系的拉美国家，中巴两国相互视对方为重要合作伙伴，双边关系不断发展，正进入更加成熟稳健的新时期。南非是中国在非洲最大的贸易伙伴，与中国政治交往日益密切，经济合作前景广阔，中南关系有望被打造成中非新型战略伙伴关系和发展中大国团结合作的样板。金砖国家机制的成长有起有伏，金砖各国面临的挑战也各有不同，只有增进彼此了解，加强学习借鉴，才能推动中国与发展中大国的合作迈上更高层次。

① 习近平．坚定信心　共谋发展——在金砖国家领导人第八次会晤大范围会议上的讲话．人民日报，2016-10-17．

② 习近平．携手追寻民族复兴之梦——在印度世界事务委员会的演讲．人民日报，2014-09-19．

Building a Community of Shared Future for Mankind

第三章

践行正确义利观

3 践行正确义利观

在外交工作中践行正确义利观，是习近平新时代中国特色社会主义外交思想的核心价值取向。它不仅继承、弘扬了中华文化璀璨的传统道德观和伦理标准，而且为人类共同价值宝库增添了新内涵，体现出中国构建新型国际关系、构建人类命运共同体的内在要求。践行正确义利观，对于指导中国特色大国外交的实践具有重要意义，尤其是利于推动中国与周边国家和发展中国家关系取得新进展。

一、正确义利观的提出及内涵

党的十八大以来，随着中国特色大国外交进入一个开拓进取的活跃期，中国外交秉持什么价值，不仅关系到自身的国际形象，而且关系到世界的和平与发展。习近平总书记顺应和平、发展、合作、共赢的时代潮流，提出在外交工作中要坚持正确义利观，并就其内涵做出了精辟论述。

2013 年 3 月，习近平主席出访非洲三国，首次提出“正确义利观”的理念。他在坦桑尼亚发表题为《永远做可靠朋友和真诚伙伴》的演讲，用“真、实、亲、诚”四个字准确概括新形势下中国秉承正确义利观的实质性内涵，指出中非关系的本质特征是：真诚友好、相互尊重、平等互利、共同发展，强调中国要促进发展中国家共同发展，对贫穷的国家给予力所能及的帮助，有时甚至要重义轻利、舍利取义，绝不能唯利是图、斤斤计较。

2013 年 10 月，习近平总书记在中国周边外交工作座谈会上，进一步把正确义利观提升到周边外交和发展中国家外交基本方针的高度，强调“要找到利益的共同点和交汇点，坚持正确义利观，有原则、讲情谊、讲道义，多向发展中国家提供力所能及的帮助”①。

2014 年 7 月，习近平主席访问韩国期间发表题为《共创中韩合

---

① 习近平．习近平谈治国理政．北京：外文出版社，2014：299.

作未来　同襄亚洲振兴繁荣》的演讲，充分阐述了在国际关系中践行正确义利观的含义和意义，他指出："在处理国际关系时必须摒弃过时的零和思维，不能只追求你少我多、损人利己，更不能搞你输我赢、一家通吃。只有义利兼顾才能义利兼得，只有义利平衡才能义利共赢。"①

2014 年 11 月，习近平总书记在中央外事工作会议上将"正确义利观"纳入"中国特色大国外交"的理念范畴，倡导在全面推进新形势下对外工作的过程中，"要坚持正确义利观，做到义利兼顾，要讲信义、重情义、扬正义、树道义"②；在深化外交战略布局中，"要切实落实好正确义利观，做好对外援助工作，真正做到弘义融利"③。

2015 年 4 月，习近平主席在访问巴基斯坦期间发表的演讲中强调："中巴要弘义融利，实现共同发展。中华文化倡导'己欲立而立人，己欲达而达人'。中国坚持正确义利观，帮助巴基斯坦就是帮助我们自己。"④

2015 年 9 月，习近平主席在出席联合国成立 70 周年系列峰会时发表讲话指出，"面向未来，中国将继续秉持义利相兼、以义为先的原则"⑤，推动全球发展事业不断向前。在联合国大会一般性辩论的讲话中，习近平主席重申："大国与小国相处，要平等相待，践行正确义利观，义利相兼，义重于利。"⑥

2016 年 11 月 21 日，习近平主席访问秘鲁发表题为《同舟共济、扬帆远航，共创中拉关系美好未来》的演讲，借中拉友谊松柏常青的祈愿再次强调坚持正确义利观的必要性，指出："中国将坚持走共同

---

① 习近平．共创中韩合作未来　同襄亚洲振兴繁荣——在韩国国立首尔大学的演讲．人民日报，2014-07-05．

② 习近平．习近平谈治国理政：第 2 卷．北京：外文出版社，2017：443．

③ 同②444．

④ 习近平．构建中巴命运共同体　开辟合作共赢新征程——在巴基斯坦议会的演讲．人民日报，2015-04-22．

⑤ 习近平．习近平在联合国成立 70 周年系列峰会上的讲话．北京：人民出版社，2015：5．

⑥ 同②523．

发展道路，继续奉行互利共赢的开放战略，积极践行正确义利观，将自身发展经验和机遇同世界各国分享，欢迎各国搭乘中国发展‘顺风车’，一起实现共同发展。中国将继续同广大发展中国家站在一起，坚定支持增加发展中国家在国际治理体系中的代表性和发言权。”①

2017 年 1 月，习近平主席在联合国日内瓦总部的演讲中，再度承诺“中国将继续坚持正确义利观，深化同发展中国家务实合作，实现同呼吸、共命运、齐发展”②。

2017 年 9 月，习近平主席在国际刑警组织大会的主旨演讲中，就全球安全治理提出：“只有义利兼顾才能义利兼得，只有义利平衡才能义利共赢。要树立正确义利观，大国要在安全和发展上给予不发达国家和地区更大支持。”③

党的十九大重申了“秉持正确义利观和真实亲诚理念加强同发展中国家团结合作”④ 的外交方针，进一步确立起正确义利观在中国特色大国外交中的价值创新和指导意义。

经过习近平总书记多次旁征博引、鞭辟入里的阐释，正确义利观的内涵与践行方略逐步充实、完善，成为新时期中国外交的一面旗帜，丰富了习近平外交思想的价值体系，为中国特色大国外交实践提供了理论指导。所谓正确义利观，就是要在国际交往中用道义、正义、信义、情义、仁义等标尺衡量自身行为，不是不追求利益，而是追寻惠及人类的大利；不是不维护本国国家利益，而是在捍卫国家核心利益和底线的同时提倡将本国利益与他国利益有机结合，实现利己利人的美好局面。在同发展中国家的交往中，正确义利观的内涵更为深刻，它意味着从发展中大国的归属感和负责任大国的使命感出发，

---

① 习近平．同舟共济、扬帆远航，共创中拉关系美好未来——在秘鲁国会的演讲．人民日报，2016-11-23.

② 习近平．习近平谈治国理政：第 2 卷．北京：外文出版社，2017：547.

③ 习近平．坚持合作创新法治共赢　携手开展全球安全治理．人民日报，2017-09-27.

④ 习近平．决胜全面建成小康社会　夺取新时代中国特色社会主义伟大胜利——在中国共产党第十九次全国代表大会上的报告．北京：人民出版社，2017：60.

坚持道义为先，耐心倾听发展中国家的心声，重视它们的利益和需要，尽己所能伸出援手，而不恃强凌弱、以大欺小，把本国私利凌驾于他国乃至全人类的共同利益之上。

“义，反映的是我们的一个理念，共产党人、社会主义国家的理念。这个世界上一部分人过得很好，一部分人过得很不好，不是个好现象。真正的快乐幸福是大家共同快乐、共同幸福。我们希望全世界共同发展，特别是希望广大发展中国家加快发展。利，就是要恪守互利共赢原则，不搞我赢你输，要实现双赢。”[①] 践行正确义利观，政治上要秉持公道公正，坚持平等相待，遵守国际关系基本原则，反对霸权主义和强权政治；经济上要坚持互利共赢，共同发展，对那些长期对华友好而自身发展任务艰巨的周边和发展中国家，要更多考虑对方利益，不要损人利己、以邻为壑。

二、践行正确义利观的继承与创新

践行正确义利观，是对中国传统文化道德精髓、社会主义义利观以及新中国外交优良传统的继承，也是新的历史条件下，顺应时代潮流及中国与世界关系发展大势对国际关系行为准则和南南合作理念的创新。

义利之辨是中国传统文化的核心问题。春秋战国时期，儒家、墨家、法家等都对义利关系进行了论述，形成了丰富的义利思想。孔子说，“君子喻于义，小人喻于利”“君子义以为上”；墨子则提出“义，利也”，阐明“义”与“利”的统一性；孟子说，“生亦我所欲也，义亦我所欲也；二者不可得兼，舍生而取义者也”；等等。随着儒家学说成为中国传统文化的主流代表，重义轻利、先义后利、取利有道等观念，成为中华民族数千年来一以贯之的道德准则和行为规范，并在

① 王毅. 坚持正确义利观　积极发挥负责任大国作用——深刻领会习近平同志关于外交工作的重要讲话精神. 人民日报，2013-09-10.

历史的传承中沉淀为中国主导性的价值观，对中国人的为人处世产生重要影响。习近平总书记关于在外交工作中坚持正确义利观的思想，将中国传统文化中的义利观运用于21世纪国际关系实践，形成了具有中国文化底蕴的大国外交理念。

践行正确义利观的重要思想，体现了中国特色社会主义的内在要求，是对社会主义义利观的借鉴和吸收。社会主义义利观是一种科学的义利统一观。在道德和物质关系上，社会主义义利观肯定物质利益是道德的基础，肯定追求正当物质利益的合理性，同时强调道德对物质利益的调节作用。在公利与私利关系上，社会主义义利观把公利放在首位，同时充分尊重合法的私利。正如毛泽东同志指出的那样，“公和私是对立的统一，不能有公无私，也不能有私无公。我们历来讲公私兼顾”①。社会主义义利观强调义利统一，主张以义导利、以义取利、见利思义，做到既公平竞争又相互协作，既追求经济效益又突出社会效益，反对见利忘义、唯利是图的行为。习近平总书记关于在外交工作中坚持正确义利观的思想，将社会主义义利观的核心要义运用于21世纪的国与国关系之间，阐释了国际道义与国家利益之间的关系，丰富、补充了国际关系伦理的内涵。

新中国成立以后，始终坚持在和平共处五项原则基础上同世界各国建立发展友好合作关系，在与亚非拉国家交往中充分发扬国际主义精神，为正确义利观的提出形成了以义为先的优良传统。正是在和平共处五项原则的指导下，中国可以藐视超级大国的无理干涉和压力，在同中小邻国的边界划分问题上采取谅解协商的立场，公平合理地加以解决。中国从20世纪50年代初就开始向亚非拉广大新兴民族独立国家提供力所能及的帮助，支持其实现政治独立的民族大义，维护其发展经济、改善民生的整体利益。1964年，中国宣布以平等互利、不附带条件为核心的对外经济技术援助八项原则，确立了中国开展对外援助的基本方针。“截至2009年底，中国累计对外提供援助金额达

① 毛泽东. 毛泽东文集：第8卷. 北京：人民出版社，1999：134.

2 562.9 亿元人民币，其中无偿援助 1 062 亿元，无息贷款 765.4 亿元，优惠贷款 735.5 亿元。”[①] 中国的无私付出奠定了与发展中国家长期友好合作的坚实基础，为践行正确义利观积累了经验。

习近平总书记关于践行正确义利观的重要思想，是新形势下对国际关系行为准则和南南合作理念的创新。正确义利观修正、超越了唯利是图的现实主义外交观念，指导中国在对外交往中决不走殖民者的掠夺老路，决不效仿资本家唯利是图的做法，也不会只为实现一己私利，而是愿与世界各国共同发展、共同进步、共同繁荣。正确义利观是相对于错误义利观而言的。当今世界，零和思维、利己主义、自我中心主义等狭隘的国际关系观念仍然存在，由于错误的义利观而恶化的危机和冲突仍然不断，导致世界和平与发展事业屡遭挫折。中国认为：“今天的人类比以往任何时候都更有条件共同朝着和平与发展的目标迈进。中国主张各国人民同心协力，变压力为动力，化危机为生机，以合作取代对抗，以共赢取代独占。”[②]

践行正确义利观打破了非此即彼的思维方式，超越狭隘利己主义和虚伪的道德空谈，坚持义利并重、义利统一，打造兼顾道义与利益的新型国际关系理念，为构建人类命运共同体提供了价值导航。正确对待“义”与“利”的关系，要求在国与国关系中尊重彼此核心利益和重大关切，强调在谋求自身发展中促进与其他国家共同发展，把自身利益和他国利益有机结合起来。“各国交往频繁，磕磕碰碰在所难免，关键是要坚持通过对话协商与和平谈判，妥善解决矛盾分歧，维护相互关系发展大局。”[③] 践行正确义利观要求辩证地处理好道义与利益的关系，实现两者的统一。中国始终坚持独立自主的和平外交政策，坚持走和平发展道路，永不称霸、永不扩张、永不谋求势力范围，主张政治解决国家间的冲突和争端。与此同时，和平发展道路不是中国单方面的事，更不是对中国的单方面约束，只有各国都走和平

---

① 中华人民共和国国务院新闻办公室．中国的对外援助．人民日报，2011-04-22.

② 习近平．习近平谈治国理政：第 2 卷．北京：外文出版社，2017：41.

③ 习近平．习近平谈治国理政．北京：外文出版社，2014：331.

发展道路，国与国才能和平共处。任何以和平发展为由要求中国放弃核心利益，在危亡存续问题上干涉中国内政、挑战中国底线的行为都是行不通的。中国的发展不会以牺牲别国利益为代价，同时也不允许中国的正当权益受到侵犯。

践行正确义利观尤其体现为关注那些长期对华友好而自身发展任务艰巨的周边和发展中国家，这不仅体现出对新型南南合作模式的探索，而且突出了中国应尽的国际义务。平等互利是国际合作的公认准则，但中国对有特定需求的最不发达国家，在利益对等原则之外，往往给予单方面优惠照顾，倡导在合作中重义轻利，甚至必要时舍利逐义。“中国开展对发展中国家的合作，将坚持正确义利观，不搞我赢你输、我多你少，在一些具体项目上将照顾对方利益。”① 作为一个发展中大国，中国在南南合作中的这些“无私理念与付出，赢得了广大发展中国家对我们的尊重、信任和支持”②。国际主义原则曾经是中国处理与发展中国家关系的最高指导原则。随着中国的国家战略重点转移到经济建设上，国际主义原则在实践中褪去了意识形态色彩，如今仍然是指导中国处理与发展中国家关系的原则，在新时期背景下被赋予了新的时代内涵。从这个角度而言，践行正确义利观体现了中国与发展中国家关系中的利他主义精神，有力地支持了发展中国家的经济发展和社会进步，推动了世界和平与稳定，有利于塑造中国负责任的国际形象，驳斥“中国威胁论”“新殖民主义论”等错误观点。

三、加强同发展中国家的团结合作

加强同发展中国家的团结合作是中国外交政策的基本原则。中国

① 习近平. 守望相助，共创中蒙关系发展新时代——在蒙古国国家大呼拉尔的演讲. 人民日报，2014-08-23.

② 王毅. 坚持正确义利观　积极发挥负责任大国作用——深刻领会习近平同志关于外交工作的重要讲话精神. 人民日报，2013-09-10.

始终如一地坚持和强调自己的发展中国家身份，将广大发展中国家作为走和平发展道路的同路人。中国与发展中国家的关系经历了美苏冷战以及冷战结束后国际格局重大变化等各种局势的严峻考验，一直稳定地向前推进。发展经济是中国与发展中国家共同面临的头等任务，中国支持发展中国家的经济建设，理解发展中国家在政治安全上反对西方国家干预内部事务的立场，积极开辟南南合作的新途径，与发展中国家共同走出一条公平、开放、全面、创新的发展之路，努力实现各国共同发展。“以利相交，利尽则散；以势相交，势去则倾；惟以心相交，方成其久远。”① 党的十八大以来，在以习近平同志为核心的党中央领导下，中国外交践行正确义利观，坚持与发展中国家真诚友好、平等相待，进一步密切双方高层往来，加强不同层次的对话和磋商，推动中国与发展中国家关系取得新进展，同非洲、拉美、中东及太平洋等地区的广大发展中国家全面提升了友好合作关系。

中非关系进入了全面发展的快车道。“中国是世界上最大的发展中国家，非洲是发展中国家最集中的大陆，中非早已结成休戚与共的命运共同体。”② 2013 年，习近平主席访问非洲期间，提出了“真、实、亲、诚”的对非政策方针，指出对待非洲朋友讲一个“真”字，开展对非合作讲一个“实”字，加强中非友好讲一个“亲”字，解决合作中的问题讲一个“诚”字，并由此阐明了正确义利观的内涵与价值所在。2014 年埃博拉疫情暴发，在帮助利比里亚、几内亚、塞拉利昂等西非国家抗击疫情的全球合作中，中国坚定站在最前列，给予了大量的人员和物质支持，兑现了中非命运共同体的承诺。

“中非双方基于相似遭遇和共同使命，在过去的岁月里同心同向、守望相助，走出了一条特色鲜明的合作共赢之路。”③ 2015 年底，在中非合作论坛约翰内斯堡峰会上，习近平主席宣布将中非新型战略伙

---

① 习近平．共创中韩合作未来 同襄亚洲振兴繁荣——在韩国国立首尔大学的演讲．人民日报，2014-07-05.

②③ 习近平．携手共命运 同心促发展——在二〇一八年中非合作论坛北京峰会开幕式上的主旨讲话．人民日报，2018-09-04.

伴关系提升为全面战略合作伙伴关系，并为此做强、夯实五大支柱：政治上平等互信、经济上合作共赢、文明上交流互鉴、安全上守望相助、国际事务中团结协作。在这次峰会上，习近平主席还代表中国政府提出未来 3 年主要以投资带动总额达 600 亿美元的中非合作计划，在工业化、农业现代化、基础设施、金融、绿色发展、贸易和投资便利化、减贫惠民、公共卫生、人文、和平与安全等十大领域开展合作，中非合作的理念和实践同时提升到了新的高度。在 2018 年 9 月的中非合作论坛北京峰会上，习近平主席提出以打造新时代更加紧密的中非命运共同体为指引，在推进中非十大合作计划基础上，重点实施八大行动，即产业促进行动、设施联通行动、贸易便利行动、绿色发展行动、能力建设行动、健康卫生行动、人文交流行动、和平安全行动。当前，中非关系正处在历史上最好时期。展望未来，中非永远是好朋友、好伙伴、好兄弟，如同习近平主席指出的那样："无论国际风云如何变幻，中国都将坚定奉行对非友好政策，永远做非洲国家的可靠朋友和真诚伙伴，努力为非洲和平与发展事业作出更大贡献。"① 中国与非洲携手将共建"一带一路"、实现联合国 2030 年可持续发展议程、落实非盟 2063 年议程同非洲各国发展战略结合起来，在更高层次、更高水平上实现中非合作共赢、共同发展。

中国与拉美和加勒比国家虽然相距遥远，但友好关系源远流长。"中拉拥有共同的发展理念，不论在治国理政方面，还是在国际事务中，双方都拥有越来越多的共同语言。事实已经并将继续证明，中拉关系发展是开放的发展、包容的发展、合作的发展、共赢的发展。这符合中拉双方共同利益，也为地区和世界的和平、稳定、繁荣作出了积极贡献。"②

2014 年 7 月，习近平主席访问巴西、阿根廷、委内瑞拉、古巴等拉美国家，在与拉美领导人会晤时宣布：与拉美国家"建立平等互

① 中非关系发展没有完成时只有进行时．人民日报，2013-03-29.

② 习近平接受拉美三国媒体联合书面采访．人民日报，2013-06-01.

利、共同发展的中拉全面合作伙伴关系，努力构建政治上真诚互信、经贸上合作共赢、人文上互学互鉴、国际事务中密切协作、整体合作和双边关系相互促进的中拉关系五位一体新格局”[①]，致力共同打造中拉命运共同体。这些新理念、新倡议为中拉关系指明了方向、确定了奋斗的目标。习近平主席创造性地提出了中拉合作的“1＋3＋6”模式，其中：“一个规范”指制定《中国与拉美和加勒比国家合作规划（2015—2019）》；“三大引擎”指以贸易、投资、金融合作为动力，推动中拉务实合作全面发展；“六大领域”指以能源资源、基础设施建设、农业、制造业、科技创新、信息技术为合作重点，推进中拉产业对接，推动中拉互利合作深入发展，力争实现10年内中拉贸易规模达到5 000亿美元以及中国对拉美投资存量达到2 500亿美元。访问期间，中国-拉共体合作论坛（简称中拉论坛）宣告成立，由此中拉合作由双边合作为主的单一型合作晋升为双边与多边齐头并进的复合型合作，这也标志着由中国倡导成立、主要面向发展中国家的地区多边合作架构实现了全球覆盖，同时完善了中国对发展中国家的外交布局。

2015年初，中拉论坛首届部长级会议上通过了《中拉论坛首届部长级会议北京宣言》《中国与拉美和加勒比国家合作规划（2015—2019）》《中拉论坛机制设置和运行规划》三个成果文件，将中拉合作从构想层面推至循序渐进、有效兑现的新高度。2016年11月，《中国对拉美和加勒比政策文件》发布，全面阐述新时期中国对拉政策的新理念、新主张、新举措，推动中拉各领域合作实现更大发展。当前，中拉关系正处在最好的时期，中拉“双方要描绘共建‘一带一路’新蓝图，打造一条跨越太平洋的合作之路，把中国和拉美两块富饶的土地更加紧密地联通起来，开启中拉关系崭新时代”[②]。

---

① 习近平．努力构建携手共进的命运共同体——在中国-拉美和加勒比国家领导人会晤上的主旨讲话．人民日报，2014-07-19.

② 习近平致信祝贺中国-拉美和加勒比国家共同体论坛第二届部长级会议开幕．人民日报，2018-01-23.

阿拉伯国家位于“一带一路”建设的西端交汇地带，不仅是实现亚、非、欧三大洲互联互通的枢纽区域，也是中国践行正确义利观，拓展同发展中国家传统友谊与合作基础的天然伙伴。古老的丝绸之路很早就把中国与阿拉伯国家联系在一起，中阿彼此是相互尊重、相互认同、相互信赖的好朋友、好兄弟、好伙伴。“当前，中阿关系正处于承上启下、继往开来的新起点上，和平合作、开放包容、互学互鉴、互利共赢已成为中阿关系发展的重要特征。”①

2016 年 6 月，习近平主席在中阿合作论坛第六届部长级会议上提出，中阿共建“一带一路”，打造中阿利益共同体和命运共同体，构建以能源合作为主轴，以基础设施建设、贸易和投资便利化为两翼，以核能、航天卫星、新能源三大高新领域为新的突破口的“1＋2＋3”合作格局。2018 年 7 月，在中阿合作论坛第八届部长级会议开幕式上，习近平主席宣布：“经过中阿双方友好协商，我们一致同意建立全面合作、共同发展、面向未来的中阿战略伙伴关系。这是中阿友好合作新的历史起点。”② 中国已经同所有 22 个阿拉伯国家以及海湾阿拉伯国家合作委员会建立起经贸联委会机制，同所有阿拉伯国家签署了双边政府间经贸和技术合作协定，同 9 个阿拉伯国家签署了共建“一带一路”协议。中东地区热点众多，矛盾复杂。中国珍视同阿拉伯国家的关系，始终从战略高度和长远角度推动中阿关系发展，愿意以建设性姿态推动对话解决地区热点问题，主持公道，伸张正义。对中阿关系的发展方向，习近平主席强调中阿“共同做中东和平稳定的维护者，公平正义的捍卫者，共同发展的推动者，互学互鉴的好朋友，努力打造中阿命运共同体，为推动构建人类命运共同体作出贡献”③。

太平洋岛国是发展中国家的重要组成部分，也是亚太地区大家庭的重要成员，在地理、经济、政治上具有独特的重要性。尽管相距遥

---

① 习近平向中阿友好年致贺信. 人民日报，2014-09-11.

②③ 习近平. 携手推进新时代中阿战略伙伴关系——在中阿合作论坛第八届部长级会议开幕式上的讲话. 人民日报，2018-07-11.

远，但中国人民和太平洋岛国人民很早就开始了友好交流，有着天然的亲近感。20 世纪 70 年代，中国陆续同 8 个太平洋岛国建立了外交关系，双方友好合作关系迅速发展。“数十年来，相互尊重、相互支持、真诚友好、互利合作、共同发展始终是中国同太平洋岛国关系的主题词。”[①] 2014 年 11 月，习近平主席在访问斐济期间，同斐济、密克罗尼西亚、萨摩亚、巴布亚新几内亚、瓦努阿图等太平洋岛国领导人举行了集体会晤，与会各方一致同意建立相互尊重、共同发展的战略伙伴关系。中国真诚欢迎太平洋岛国搭乘中国发展快车，分享发展经验和成果，加强各领域交流合作，加深友谊，在实现各自美好梦想的征程中携手前行。

中国是发展中国家的一员，中国的发展深深根植于发展中国家当中，与发展中国家在维护世界和平、促进经济发展方面有着共同需求。习近平总书记 2014 年在中央外事工作会议上指出：“要切实加强同发展中国家的团结合作，把我国发展与广大发展中国家共同发展紧密联系起来。”[②] 中国的发展不能一枝独秀，而是要带动和促进其他发展中国家的共同发展。2015 年 9 月，习近平主席在出席联合国第 70 届联大活动时郑重承诺：“中国将始终做全球发展的贡献者，坚持走共同发展道路，继续奉行互利共赢的开放战略，将自身发展经验和机遇同世界各国分享，欢迎各国搭乘中国发展‘顺风车’，一起来实现共同发展。”[③] 也正是在此次峰会期间，习近平主席倡导各国走出一条公平、开放、全面、创新的发展之路，努力实现各国共同发展。2017 年 1 月，习近平主席在联合国日内瓦总部的演讲中，再度重申：“中国促进共同发展的决心不会改变。”[④]

2017 年 9 月，金砖国家领导人峰会在厦门举办，其间，中国邀请各地区有代表性的新兴市场国家和发展中国家领导人与会，举办新

① 习近平．永远做太平洋岛国人民的真诚朋友．人民日报，2014－11－22.
② 习近平．习近平谈治国理政：第 2 卷．北京：外文出版社，2017：444.
③ 同②525－526.
④ 同②545.

兴市场国家与发展中国家对话会，打造全球性的南南合作平台，提升作为整体的发展中国家在世界经济中的地位。习近平主席指出，“新兴市场国家和发展中国家代表着世界发展的未来”[①]，并对新兴市场国家和发展中国家加强团结协作、联手营造有利发展环境提出四点建议。第一，共同构建开放型世界经济。坚定支持多边贸易体制，反对保护主义，引导经济全球化实现包容、普惠的再平衡。努力提升新兴市场国家和发展中国家在全球经济治理中的代表性和发言权，推动形成更加公正合理的国际经济秩序。第二，共同落实 2030 年可持续发展议程。“发展是新兴市场国家和发展中国家的第一要务。我们要立足自身国情，把可持续发展议程同本国发展战略有效对接，持之以恒加以推进，探索出一条经济、社会、环境协调并进的可持续发展之路”[②]。第三，共同把握世界经济结构调整的历史机遇，勇于创新，敢于改革，大力推进结构调整，挖掘发展内生动力，实现“弯道超车”。第四，共同建设广泛的发展伙伴关系，在更大范围、更广领域开展南南合作，携手应对各种全球性挑战，培育联动发展链条，实现联合自强。

作为促进共同发展的中国方案，习近平主席的上述四点建议把中国同广大发展中国家的前途和命运紧密结合在一起，推动发展中国家在各自发展进程中相互支持、共同进步，得到越来越多发展中国家的接受和认同。“发展是解决一切问题的总钥匙。”[③] 中国改革开放 40 年取得的成就和经验为发展中国家走向现代化提供了参考和借鉴，同时中国用实际行动支持帮助发展中国家的经济建设和可持续发展，努力解决发展不平衡带来的问题，促进共同繁荣。现阶段全面推进的“一带一路”建设，正是中国迄今为国际社会提供的最重要的公共产品，为实现共同发展提供了全新的平台，为发展中国家走出一条公平、开放、全面、创新的发展之路注入了强劲的动力。

①② 习近平. 深化互利合作 促进共同发展——在新兴市场国家与发展中国家对话会上的发言. 人民日报，2017-09-06.

③ 习近平. 习近平谈治国理政：第 2 卷. 北京：外文出版社，2017：511-512.

四、履行负责任大国义务

“国不以利为利，以义为利也。”党的十八大以来，习近平总书记充分阐释和高度重视的正确义利观，已经成为指导中国外交实践的“指南针”，推动中国更加积极有为地参与国际事务，更好发挥负责任大国作用。

当今世界正处于大发展大变革的调整时期。一方面，物质财富不断积累，科技进步日新月异，人类文明发展到历史最高水平；另一方面，世界经济增长乏力，发展鸿沟日益突出，地区冲突频繁发生，恐怖主义、难民危机、重大传染性疾病等全球性挑战此起彼伏，世界面临的不确定性上升。站在历史的十字路口，作为负责任的大国，中国不能也不会置身事外。“作为大国，意味着对地区和世界和平与发展的更大责任，而不是对地区和国际事务的更大垄断。”[①] 无论在哪个时代，大国和睦，世界就能和平稳定；大国交恶，世界就会动荡冲突。身处一个各国利益相互交融、人类命运密不可分的世界，大国应当以人类和平发展的大局为重，携手合作，同舟共济，为世界各国遮风挡雨，而不能各自为政、独善其身，甚至相互对抗。

中国历来是一个负责任的大国，深知和平的珍贵、发展的价值，把促进世界和平与发展视为自己的神圣职责，一直尽自己的能力承担合理的国际责任。早在 20 世纪 90 年代中国就明确提出要做负责任的大国，这反映出中国强烈的责任意识和神圣的使命感。随着中国实力的日益强盛，承担大国义务的能力显著提升，履行负责任大国义务的意愿日益强烈。“中国人是讲爱国主义的，同时我们也是具有国际视野和国际胸怀的。随着国力不断增强，中国将在力所能及的范围内承

① 习近平．迈向命运共同体 开创亚洲新未来——在博鳌亚洲论坛 2015 年年会上的主旨演讲．人民日报，2015-03-29.

担更多国际责任和义务，为人类和平与发展的崇高事业作出更大贡献。”①

中国负责任大国作用的体现，一方面是对自己负责，把中国自己的事情办好，保障中国本国的安全稳定、繁荣发展，保护每一个中国人的福祉。中国是世界上人口最多的发展中国家，维护、发展经济和改善民生是政府的基本责任。中国取得的每一分成就都是世界的进步。民为邦本，国家利益与人民利益密不可分。负责任大国要坚持以人为本、外交为民的理念，聚焦国内现实需要，主动服务于民生建设；同时打造海外民生工程，切实维护中国公民和企业的海外合法权益。另一方面是对世界负责。习近平主席从三个层次阐述了中国在国际关系中建构负责任大国地位的途径：第一，更加积极有为地维护世界和平，倡导共同、综合、合作、可持续的安全观，致力于通过协商谈判和平解决争端。坚定维护以联合国为中心的战后国际秩序，积极参与联合国维和行动和地区安全对话合作。第二，更加积极有为地参与国际事务，致力于推动完善国际治理体系，积极推动扩大发展中国家在国际事务中的代表性和发言权，更多提出中国方案、贡献中国智慧，为国际社会提供更多公共产品。第三，更加积极有为地促进共同发展，坚持正确义利观，义利并举、以义为先，促进南北对话和南南合作，特别是帮助发展中国家实现自主和可持续发展②。

对外援助是中国履行负责任大国义务的重要方式。新中国成立以来，在致力于自身发展的同时，始终坚持向经济困难的发展中国家提供力所能及的援助，承担相应的国际义务，取得了丰硕的成果，开创了具有中国特色的对外援助模式。根据国务院新闻办公室 2016 年 12 月发布的《发展权：中国的理念、实践与贡献》白皮书，60 多年来，中国共向 166 个国家和国际组织提供了近 4 000 亿元人民币援助，共为发展中国家培训各类人员 1 200 多万人次，派遣 60 多万援助人员，

---

① 习近平接受金砖国家媒体联合采访．人民日报，2013-03-20．

② 习近平接受拉美四国媒体联合采访．人民日报，2014-07-15．

其中 700 多人为他国发展献出了宝贵的生命。白皮书还显示，2008 年以来，中国连续多年成为最不发达国家第一大出口市场，吸收最不发达国家约 23%的产品出口。

2015 年 9 月，习近平主席在出席联合国成立 70 周年系列峰会期间，在联合国发展峰会上发表题为《谋共同永续发展　做合作共赢伙伴》的演讲，在全球妇女峰会上发表题为《促进妇女全面发展　共建共享美好世界》的演讲，就中国的对外援助宣布了五个方面的重要举措。第一，中国将设立南南合作援助基金。首期提供 20 亿美元，支持发展中国家落实 2015 年后发展议程。第二，中国将免除对有关最不发达国家、内陆发展中国家、小岛屿发展中国家截至 2015 年底到期未还的政府间无息贷款债务。与此同时，中国将增加对最不发达国家投资，力争 2030 年达到 120 亿美元。第三，未来 5 年，中国将向发展中国家提供“6 个 100”项目支持，包括 100 个减贫项目、100 个农业合作项目、100 个促贸援助项目、100 个生态保护和气候变化项目、100 所医院和诊所、100 所学校和职业培训中心。第四，中国将设立南南合作与发展学院，提供学历教育及培训名额，为其他发展中国家培养各领域人才。未来 5 年，中国将向其他发展中国家提供 12 万个来华培训和 15 万个奖学金名额，为其他发展中国家培养 50 万名职业技术人员。第五，未来 5 年，中国将帮助其他发展中国家实施 100 个“妇幼健康工程”，派遣医疗专家小组开展巡医活动；实施 100 个“快乐校园工程”，向贫困女童提供就学资助，提高女童入学率；邀请 3 万名发展中国家妇女来华参加培训，并在当地为发展中国家培训 10 万名女性职业技术人员①。

2017 年 5 月，习近平主席在“一带一路”国际合作高峰论坛开幕式上宣布：中国将加大对“一带一路”建设资金支持，向丝路基金新增资金 1 000 亿元人民币，鼓励金融机构开展人民币海外基金业

① 习近平. 习近平在联合国成立 70 周年系列峰会上的讲话. 北京：人民出版社，2015：5-6，12；习近平在南南合作圆桌会上发表讲话，人民日报，2015-09-28.

务，规模预计约 3 000 亿元人民币；启动“一带一路”科技创新行动计划，未来 5 年内安排 2 500 人次青年科学家来华从事短期科研工作，培训 5 000 人次科学技术和管理人员，投入运行 50 家联合实验室；在未来 3 年向参与“一带一路”建设的发展中国家和国际组织提供 600 亿元人民币援助，向“一带一路”沿线发展中国家提供 20 亿元人民币紧急粮食援助，向南南合作援助基金增资 10 亿美元，在沿线国家实施 100 个“幸福家园”、100 个“爱心助困”、100 个“康复助医”等项目，向有关国际组织提供 10 亿美元落实一批惠及沿线国家的合作项目。①

2017 年 9 月，习近平主席在新兴市场国家与发展中国家对话会上宣布：中国将在南南合作援助基金项下提供 5 亿美元援助，帮助其他发展中国家应对饥荒、难民、气候变化、公共卫生等挑战；中国将利用国际发展知识中心、南南合作与发展学院等平台，同各国加强发展经验交流和能力建设合作，并在未来 1 年为其他发展中国家提供 4 万个来华培训名额。②

2018 年 6 月，习近平主席在上海合作组织成员国青岛峰会上宣布：在上海合作组织银行联合体框架内设立 300 亿元人民币等值专项贷款；利用中国-上海合作组织国际司法交流合作培训基地等平台，为各方培训 2 000 名执法人员，强化执法能力；未来 3 年为成员国提供 3 000 个人力资源开发培训名额，加强人文交流合作。③

2018 年 7 月，习近平主席在中阿合作论坛第八届部长级会议开幕式上宣布：中国设立“以产业振兴带动经济重建专项计划”，提供 200 亿美元贷款额度，按照商业化原则推进就业面广、促稳效益好的项目；中国将向叙利亚、也门、约旦、黎巴嫩人民提供 6 亿元人民币援助，用于当地人道主义和重建事业；中国还将同地区国家探讨实施

---

① 习近平．习近平谈治国理政：第 2 卷．北京：外文出版社，2017：515-516．

② 习近平．深化互利合作　促进共同发展——在新兴市场国家与发展中国家对话会上的发言．人民日报，2017-09-06．

③ 习近平．弘扬“上海精神”　构建命运共同体——在上海合作组织成员国元首理事会第十八次会议上的讲话．人民日报，2018-06-11．

总额为 10 亿元人民币的项目，支持有关国家维稳能力建设。[①]

2018 年 9 月，习近平主席在中非合作论坛北京峰会开幕式上宣布：中国愿以政府援助、金融机构和企业投融资等方式，向非洲提供 600 亿美元支持，其中包括：提供 150 亿美元的无偿援助、无息贷款和优惠贷款；提供 200 亿美元的信贷资金额度；支持设立 100 亿美元的中非开发性金融专项资金和 50 亿美元的自非洲进口贸易融资专项资金；推动中国企业未来 3 年对非洲投资不少于 100 亿美元。同时，免除与中国有外交关系的非洲最不发达国家、重债穷国、内陆发展中国家、小岛屿发展中国家截至 2018 年底到期未偿还政府间无息贷款债务。[②]

上述援助措施，充分体现出习近平总书记构建人类命运共同体、践行正确义利观的外交思想，向全世界宣示了中国积极承担负责任大国义务，愿意与其他发展中国家人民一起实现共同发展的决心，得到国际社会的广泛赞誉。中国的对外援助政策具有鲜明的时代特征，符合自身国情和受援国发展需要。作为最大的发展中国家，发展仍然是中国长期面临的艰巨任务，这决定了中国的对外援助属于南南合作范畴，是发展中国家间的相互帮助。上述援助措施，表明中国在提供援助时以帮助受援国提高自主发展能力为重点，尽力为受援国培养本土人才和技术力量，帮助受援国建设基础设施、打好发展基础，推动受援国逐步走上自力更生、独立发展的道路。中国在提供援助时，绝不附带任何政治条件，绝不把提供援助作为干涉他国内政、谋求政治特权的手段，而是尊重各受援国自主选择发展道路和模式的权利，相信受援国能够探索出适合本国国情的发展道路。中国对外援助的实践，是践行正确义利观的示范，在帮助发展中国家改善民生、促进社会进步的同时，彰显了中国负责任大国的国际形象，提高了中国的国际影

① 习近平. 携手推进新时代中阿战略伙伴关系——在中阿合作论坛第八届部长级会议开幕式上的讲话. 人民日报，2018-07-11.

② 习近平. 携手共命运　同心促发展——在二〇一八年中非合作论坛北京峰会开幕式上的主旨讲话. 人民日报，2018-09-04.

响力。

习近平总书记关于践行正确义利观的思想和实践，为探索中国特色大国外交之路确立了道义基础，深化了中国与发展中国家的关系，丰富了传统的南南合作理念，是中国对国际关系理论和实践的贡献。在正确义利观的指引下，中国积极履行负责任大国义务，造福中国人民，也造福各国人民，努力开创新时代外交工作新局面。

Building a Community of Shared Future for Mankind

第四章

引领全球治理体制变革

4 引领全球治理体制变革

党的十八大以来，习近平总书记从实现“两个一百年”奋斗目标和实现中华民族伟大复兴中国梦的战略需要出发，科学审视当今国际体系与国际格局的深刻变化，就全球治理和全球治理体制变革问题发表了一系列重要讲话，阐明了中国的全球治理观，丰富和发展了中国特色大国外交的理论体系。正如习近平总书记指出的那样：“中国将积极参与全球治理体系建设，努力为完善全球治理贡献中国智慧，同世界各国人民一道，推动国际秩序和全球治理体系朝着更加公正合理方向发展。”①

一、全球治理体制变革的提出

全球治理是全球化的必然产物。冷战结束后，全球化浪潮席卷全球，以经济为中心，逐渐向政治、社会、文化等领域扩展，体现的是国家间相互依存程度的不断提高。然而，各种危及全人类命运的全球性问题也在蔓延。面对日益严峻的全球性问题，主权国家的应对能力明显不足。作为一种新的国际合作构想，全球治理的理念在20世纪90年代应运而生。所谓全球治理体制，是指主权国家、国际组织、非政府组织等国际关系行为体为解决全球性问题、增进全人类共同利益而建立的管理国际社会公共事务的制度、规范、机制和活动。它为解决人类面临的共同问题提供了更宽广的国际合作范式，为理解和认识国际关系提供了全新的视角，其重要性和价值得到了国际社会的普遍认同。新世纪以来，随着全球化进程的加速以及世界各国相互依赖的持续深化，国际社会对全球治理的需求进一步增强。与此同时，国际政治经济形势持续动荡，全球治理的实践从军备控制、地区热点、发展援助、气候变化扩展到国际反恐怖主义、国际公共卫生、国际金融秩序等议题。2008年金融危机之后，改革和完善全球治理体制的

① 习近平．习近平谈治国理政：第2卷．北京：外文出版社，2017：41-42.

呼声日益高涨，为崛起中的中国参与全球治理提供了战略机遇。2012年党的十八大首次提出“加强同世界各国交流合作，推动全球治理机制变革”[①] 的对外战略指导原则，表明中国将积极谋求全球治理的主导权，为全球治理体制变革贡献智慧和力量。这不仅是中国特色大国外交的重要内容，也是中国作为负责任大国的历史担当。

2015年10月中共中央政治局第二十七次集体学习时，习近平总书记明确提出中国倡导的全球治理理念的核心——共商共建共享。共商就是在全球治理的进程中集思广益，强调世界各国的共同参与，倡导国际关系民主化。全球治理体制变革要求世界的命运必须由各国人民共同掌握，世界上的事情只能由各国政府和人民共同商量来办，充分尊重各国独立自主选择本国发展道路和参与全球治理的权利，努力使全球治理体制更加平衡地反映大多数国家的意愿和利益。这是处理国际事务的民主原则，国际社会应该共同遵守。特别是要增加新兴市场国家和发展中国家的代表性和发言权，推动各国在国际经济合作中平等参与。

共建就是在全球治理的进程中通力合作、各尽其能，强调世界各国发挥各自优势。全球治理体制变革要求强化全球合作意识，扩大全球合作领域，完善全球合作形式。大国理应在全球治理中发挥主导性作用，做出更大贡献。尤其是“中美在全球治理领域有着广泛共同利益，应该共同推动完善全球治理体系。这不仅有利于双方发挥各自优势、加强合作，也有利于双方合作推动解决人类面临的重大挑战”[②]。

共享就是共同享受全球治理的成果，让全球治理的成果更公平地惠及世界各国和人民。世界的繁荣稳定不可能建立在一些国家越来越富裕而另一些国家长期贫穷落后的基础上。只有各国共同发展了，世界才能更好发展。那种以邻为壑、转嫁危机、损人利己的做法既不道

---

① 胡锦涛. 坚定不移沿着中国特色社会主义道路前进　为全面建成小康社会而奋斗——在中国共产党第十八次全国代表大会上的报告. 人民日报，2012-11-18.

② 坚持构建中美新型大国关系正确方向　促进亚太地区和世界和平稳定发展. 人民日报，2015-09-23.

德，也难以持久。

简而言之，共商共建共享的全球治理理念，意味着全球治理由世界各国和人民一起商量着办，更加完善的全球治理体制由世界各国和人民一起建设，成果也将由世界各国和人民一起分享。中国倡导的这一全球治理理念，发出了积极推动全球治理体制变革的中国声音，贡献了推动全球治理体制变革的中国智慧，表明中国不仅是全球治理体制变革的积极倡导者，更是全球治理体制变革的引领者。

2016 年 9 月二十国集团领导人杭州峰会以“构建创新、活力、联动、包容的世界经济”为主题，达成了具有开创性、引领性、机制性意义的成果，为摆脱世界经济困局提供了新思路。习近平主席在峰会期间，首次系统阐释了以平等为基础、以开放为导向、以合作为动力、以共享为目标的全球经济治理观，并提出了合作重点领域和任务，为完善全球经济治理体系描绘了路线图，在二十国集团发展史上留下深刻的中国印记。习近平主席指出：“当前形势下，全球经济治理特别要抓住以下重点：共同构建公正高效的全球金融治理格局，维护世界经济稳定大局；共同构建开放透明的全球贸易和投资治理格局，巩固多边贸易体制，释放全球经贸投资合作潜力；共同构建绿色低碳的全球能源治理格局，推动全球绿色发展合作；共同构建包容联动的全球发展治理格局，以落实联合国 2030 年可持续发展议程为目标，共同增进全人类福祉！”① 全球经济治理体系是全球治理的基础和核心，变革全球经济治理体系是解决现行全球治理不公正、不合理问题的关键，其主要任务是在现有治理框架下增加发展中国家特别是新兴发展中大国的权利，同时不断创新能够体现国际力量对比变化的新机制。二十国集团领导人杭州峰会通过的由中方起草、主导的《二十国集团领导人杭州峰会公报》，反映了习近平主席提出的关于创新发展、协调发展、绿色发展、开放发展、共享发展的中国理念，体现

---

① 习近平．中国发展新起点 全球增长新蓝图——在二十国集团工商峰会开幕式上的主旨演讲．人民日报，2016-09-04．

了推动解决世界经济增长所面临根本问题的中国方案，融汇了倡导构建人类命运共同体以及完善全球经济治理的中国主张，并将这些理念、方案、主张上升为国际共识，获得二十国集团各方广泛支持。这不仅推动二十国集团在完善全球经济治理中的旗帜作用得到更好发挥，而且引领中国在更高层次、更广范围、更深程度上参与全球经济治理。

随着近年来世界范围内保守主义和孤立主义倾向抬头，国际社会对加强全球治理能力充满期盼。2017 年 1 月，习近平主席出席达沃斯世界经济论坛并发表主旨演讲，深刻诠释经济全球化的客观必然性，剖析当今世界经济增长、治理、发展模式存在的问题，提出打造富有活力的增长模式、开放共赢的合作模式、公正合理的治理模式、平衡普惠的发展模式，为促进世界经济发展贡献了中国方案。习近平主席指出："小智治事，大智治制。全球经济治理体系变革紧迫性越来越突出，国际社会呼声越来越高。全球治理体系只有适应国际经济格局新要求，才能为全球经济提供有力保障。"[①] 新兴市场国家和发展中国家对全球经济增长的贡献率已经达到 80%，国际经济力量对比深刻演变，而全球治理体制未能反映新格局，其代表性和包容性很不够，因此，赋予新兴市场国家和发展中国家更多代表性和发言权至关重要。习近平主席有关全球治理的主张，有助于消除反全球化逆流的负面影响，提振国际社会对全球治理体制变革的信心，树立了中国引领全球治理的积极形象。党的十九大重申"中国秉持共商共建共享的全球治理观"，承诺"中国将继续发挥负责任大国作用，积极参与全球治理体系改革和建设，不断贡献中国智慧和力量"[②]。2018 年 6 月的上海合作组织成员国青岛峰会期间，习近平主席再次强调指出："我们要坚持共商共建共享的全球治理观，不断改革完善全球治理体

① 习近平．共担时代责任　共促全球发展——在世界经济论坛 2017 年年会开幕式上的主旨演讲．人民日报，2017-01-18.

② 习近平．决胜全面建成小康社会　夺取新时代中国特色社会主义伟大胜利——在中国共产党第十九次全国代表大会上的报告．北京：人民出版社，2017：60.

系，推动各国携手建设人类命运共同体。”[①] 中国已经成为全球治理的参与者、建设者和引领者，不仅向世界贡献了全球治理的理念，而且还以踏实稳健的步伐推动全球治理更加健康、公平、有序发展。

二、引领全球治理体制变革中的中国机遇

“全球治理体制变革离不开理念的引领”[②]。中国推动全球治理体制变革旨在促使国际秩序和全球治理朝更加公正合理、更加有利于发展中国家的方向变革。中国认为：“什么样的国际秩序和全球治理体系对世界好、对世界各国人民好，要由各国人民商量，不能由一家说了算，不能由少数人说了算。”[③] 全球治理体制变革不是某一国或少数国家的事情，而是需要整个国际社会特别是大国的共同努力。同时，中国并不谋求对现行全球治理体制进行革命式的颠覆，“这种改革并不是推倒重来，也不是另起炉灶，而是创新完善。‘穷则变，变则通。’无论是一个国家，还是世界，都需要与时俱进，这样才能保持活力”[④]。

现行全球治理体制在很多方面仍脱胎于二战后的权力结构，是在以美国为首的西方发达国家主导下，对国际关系的各个领域进行协调、管理的有关机构、原则、程序和运作方式的总和。其具体表现为：以联合国集体安全制度为核心的国际安全制度，以国际货币基金组织、世界银行为核心的国际货币金融制度，以世界贸易组织为核心的国际贸易制度，等等。各个领域、各个层次的全球治理体制不仅为

---

① 习近平．弘扬“上海精神” 构建命运共同体——在上海合作组织成员国元首理事会第十八次会议上的讲话．人民日报，2018-06-11．

② 推动全球治理体制更加公正更加合理 为我国发展和世界和平创造有利条件．人民日报，2015-10-14．

③ 习近平．习近平谈治国理政：第2卷．北京：外文出版社，2017：41．

④ 坚持构建中美新型大国关系正确方向 促进亚太地区和世界和平稳定发展．人民日报，2015-09-23．

全球治理奠定了合法性基础，制定了行为规范，而且为全球治理的运行提供了基本框架。然而，现行全球治理体制越来越无法满足全球治理的需求，无法有效应对全球性问题的蔓延。“治理失灵”的困境推动全球治理体制的改革与创新，为中国参与全球治理体制变革创造了条件。在全球层面，近年联合国的改革、国际货币基金组织的改革、二十国集团的崛起，都是为了实现更加有效的全球治理而实施的体制改革。在区域层面，治理需求相对集中，更加容易达成利益共识。欧盟、非盟、东盟等区域性组织的制度转型与建设，提升了全球治理在地区范围的成效，并且通过扩大地区性制度的外延，实现更大范围的治理。全球治理理论本身存在不足，全球治理的模式仍然处于摸索的阶段，全球治理的理念只有通过体制变革才能得到有效推广。中国深知：“加强全球治理、推进全球治理体制变革已是大势所趋。这不仅事关应对各种全球性挑战，而且事关给国际秩序和国际体系定规则、定方向；不仅事关对发展制高点的争夺，而且事关各国在国际秩序和国际体系长远制度性安排中的地位和作用。”①

21 世纪以来，世界多极化趋势的持续推进，尤其是新兴国家的群体性崛起，为中国参与全球治理体制变革注入了动力。冷战结束后，美国并未构建起稳定的美国独霸的单极格局。世界各种力量都在不断发展，它们对国际事务的影响力有着不同程度的提高，大大促进了多极化的发展进程。除了美国、欧盟、俄罗斯、日本、中国等力量之外，新涌现的地区性的发展中国家因其实力的迅速增长而扮演着重要角色，是世界多极化的新兴推动力量。国家间力量对比的变化是全球治理体制变革的基本动力。以金砖国家为代表的发展中国家经济增长迅速，呈现出群体性崛起的态势。2008 年金融危机的发生，加速了力量此消彼长的进程，世界经济的结构重心发生了变化，全球治理的权力结构也发生了相应的变化。以此为背景，新兴的治理体制开始

---

① 推动全球治理体制更加公正更加合理 为我国发展和世界和平创造有利条件. 人民日报，2015-10-14.

涌现，滞后的治理体制得到调整。有的反映出新兴国家谋求整体优势的尝试，如金砖国家机制；有的是对既有全球治理话语权的重新分配，如国际货币基金组织和世界银行的改革；有的是对原有治理体制的替代，如二十国集团取代八国集团成为国际经济协调的首要平台；有的是对现行治理体制的补充，如亚投行和新开发银行的启动。随着不同层次的全球治理体制的变革与调整，增加发展中国家的代表性和发言权成为大势所趋，发达国家在全球治理中的绝对主导地位逐步让位于发达国家与新兴国家的共同主导。新兴国家不仅以合作者身份分担发达国家的责任，而且以集团的方式表达自己的利益诉求，在全球治理体制的变革与重塑中发挥作用。

中国对全球治理的参与经历了从边缘到中心的曲折过程。新世纪大国力量的消长中，中国的崛起最引人注目。随着国家实力的提升和外交理念的进步，中国逐渐从全球治理的参与者转变为国际规则的制定者和国际公共产品的提供者，在全球治理中的话语权有了很大提高，成为推动国际秩序演变的关键力量。国际社会和世界各国对中国的期待普遍增强，希望中国在全球治理体制变革中做出积极的贡献。2013 年 3 月，习近平接受金砖国家媒体联合采访时就谈到了全球治理，他说：“全球经济治理体系必须反映世界经济格局的深刻变化，增加新兴市场国家和发展中国家的代表性和发言权。”[①] 在同年 4 月举行的博鳌亚洲论坛上，习近平主席强调：“要稳步推进国际经济金融体系改革，完善全球治理机制，为世界经济健康稳定增长提供保障。”[②] 2015 年 9 月，习近平主席在出访美国前夕接受采访时再次指出：“随着世界不断发展变化，随着人类面临的重大跨国性和全球性挑战日益增多，有必要对全球治理体制机制进行相应的调整改革。”[③]

① 习近平接受金砖国家媒体联合采访. 人民日报，2013-03-20.

② 习近平. 习近平谈治国理政. 北京：外文出版社，2014：330.

③ 坚持构建中美新型大国关系正确方向　促进亚太地区和世界和平稳定发展. 人民日报，2015-09-23.

2015 年 10 月，中共中央政治局就全球治理格局和全球治理体制进行集体学习，提出“要推动变革全球治理体制中不公正不合理的安排”①。2016 年 9 月，在二十国集团领导人杭州峰会上，中国首次全面阐释了全球经济治理观。2016 年 9 月 27 日，中共中央政治局再次就全球治理进行集体学习，强调指出：“加强全球治理、推动全球治理体系变革是大势所趋。我们要抓住机遇、顺势而为，推动国际秩序朝着更加公正合理的方向发展，更好维护我国和广大发展中国家共同利益，为实现‘两个一百年’奋斗目标、实现中华民族伟大复兴的中国梦营造更加有利的外部条件，为促进人类和平与发展的崇高事业作出更大贡献。”② 2017 年 9 月的金砖国家领导人厦门峰会上，习近平主席敦促金砖五国顺应历史大势，超越差异和分歧，实现互利共赢，指出：“推进全球经济治理改革，提高新兴市场国家和发展中国家代表性和发言权，为解决南北发展失衡、促进世界经济增长提供新动力。”③ 由此可见，中国高度重视全球治理和全球经济治理，不断向国际社会阐释共商共建共享的全球治理观，从顺应历史潮流、增进人类福祉出发，积极主动承担起推进全球治理体制变革的国际责任。

三、加强全球治理体制变革的中国贡献

当前，作为全球治理的参与者、建设者和引领者，中国不仅向世界贡献了全球治理的理念，而且还以踏实稳健的步伐推动全球治理更加健康、公平、有序地发展。在参与全球治理体制变革的进程中，中国坚持为发展中国家发声，加强同发展中国家团结合作，一直强调为

① 推动全球治理体制更加公正更加合理 为我国发展和世界和平创造有利条件. 人民日报，2015-10-14.

② 习近平. 习近平谈治国理政：第 2 卷. 北京：外文出版社，2017：448.

③ 同②492.

发展中国家争取更多的权益，在政治安全、经济、社会发展等各个领域积极推行自己的全球治理主张。尤其是在全球经济治理中，中国明确提出应该“提高发展中国家代表性和发言权，给予各国平等参与规则制定的权利”[①]，致力于推动全球治理体制朝着公正合理的方向发展。

在政治安全领域，中国“坚定维护以联合国为核心的国际体系，坚定维护以联合国宪章宗旨和原则为基石的国际关系基本准则，坚定维护联合国权威和地位，坚定维护联合国在国际事务中的核心作用”[②]。二战后的国际秩序来之不易，以《联合国宪章》为代表的国际关系准则弥足珍贵。尊重主权，反对干涉；维护和平，反对侵略；坚持对话，反对暴力；支持平等，反对强权……这些理念历久弥新，永不过时，是中国外交长期坚持的原则。当今世界发生的各种对抗和不公，不是因为《联合国宪章》的宗旨和原则过时了，而恰恰是由于这些宗旨和原则未能得到有效履行。为此，联合国必须推进体制改革，以适应国际力量对比变化和全球治理的需求。

中国一贯重视并支持联合国改革，历来主张联合国改革应当有利于实现宪章的宗旨原则，有利于完成时代赋予联合国的繁重任务，有利于体现地区均衡原则，有利于增强发展中国家在联合国的地位和作用。中国是联合国中最大的发展中国家，也是安理会常任理事国之一；在改革问题上，中国既要秉持发展中国家的立场，又要体现大国应有的作为和责任。面对各国改革方案的严重分歧，中国认为，联合国改革应循序渐进，对尚存分歧的重大问题，要采取谨慎态度，不人为设定时限或强行做出决定。安理会改革与中国既得的政治大国地位攸关，中国的主张与联合国所倡导的民主、平等、合作等价值理念是兼容的，以增加发展中国家的代表性和发言权为重点。目前，中国是

---

① 习近平．习近平在联合国成立 70 周年系列峰会上的讲话．北京：人民出版社，2015：3.

② 习近平．习近平谈治国理政：第 2 卷．北京：外文出版社，2017：547.

安理会常任理事国中派出维和人员最多的国家，维和行动摊款居第二位，为推动阿富汗重建、叙利亚内战、伊朗核危机等热点问题的政治解决做出了贡献，为维护世界和平与安全发挥着重要作用。2015 年 9 月，习近平主席出席了联合国成立 70 周年系列峰会，其间提出了一系列务实合作的措施，包括：设立为期 10 年、总额 10 亿美元的中国-联合国和平与发展基金，用于支持联合国工作；加入新的联合国维和能力待命机制，率先组建常备成建制维和警队，建设 8 000 人规模的维和待命部队；等等。这些措施表明，中国已经积极采取实际行动提升联合国的全球治理能力。习近平新时代中国特色社会主义外交思想为中国参与联合国框架内的全球治理提供了理论支撑，人类命运共同体理念在联合国内获得广泛认同。2017 年 2 月，联合国经社理事会通过“非洲发展新伙伴关系的社会层面”决议，人类命运共同体理念首次被写入决议中。同年 3 月 17 日，联合国安理会通过的关于阿富汗问题的决议中，强调本着合作共赢精神推进地区合作，有效促进阿富汗地区安全，构建人类命运共同体。紧接着的 3 月 23 日，联合国人权理事会通过的两个决议中，明确提出了要构建人类命运共同体。随着国际社会对中国的期望上升，中国在践行《联合国宪章》宗旨原则方面的作用日益突出，这有力地强化了联合国在全球治理中的核心地位。

在经济领域，中国推动全球治理体制变革的措施最具成效。2008 年金融危机之后，加快以国际货币基金组织、世界贸易组织为核心的全球性国际经济组织的改革，成为实现全球经济稳定、可持续、平衡增长的客观要求。中国已经成为世界经济增长的重要引擎，中国在世界经济中的地位和作用，不仅体现为中国的经济实力和竞争力，还体现为中国对全球经济治理的参与程度和决策权力。推动全球性国际经济组织的改革，是全球治理体制变革的客观需要，也是中国经济实力提升的必然要求。中国支持国际货币基金组织在重构国际金融制度中的主导地位，主张建立公平、公正、包容、有序的国际金融体系，“继续加强国际金融市场监管，使金融体系真正依靠、服务、促进实体经济发展。要建设稳定、抗风险的国际货币体系，改革特别提款权货币篮子组成，加强国际和区域金融合作机制的联系，建立金融风险防火墙”[①]。随着国际货币基金组织批准人民币加入特别提款权货币篮子以及份额改革方案的生效，人民币成为全球五大储备货币之一，中国在国际货币基金组织中持有的份额升至第三位，中国在国际货币金融权力结构中的地位得到进一步提升。2016 年 9 月，在二十国集团领导人杭州峰会上，中国将完善全球经济金融治理、增强新兴市场国家和发展中国家的代表性和发言权、提高世界经济抗风险能力作为峰会主要议题之一，与各方携手推动建立更加稳定和有韧性的国际金融架构，增强了完善全球金融治理的信心。世界贸易组织的改革由于多哈回合谈判的长期拖延而势在必行，中国作为世界第一大出口国和第二大进口国，在改革进程中的作用同样举足轻重。中国一直坚定维护世界贸易组织在全球贸易投资中的主渠道地位，支持世界贸易组织决策机制朝着更加有效、透明的方向发展。尽管当前全球贸易治理的创新更多体现在各种区域贸易协定的谈判与实施中，但从长远来看，区域贸易协定无法取代世界贸易组织，利益最大化的全球贸易自由化才是世界各国共同追求的目标。习近平主席指出：“多边贸易体制以世界贸易组织为核心，其生命力在于普惠性和非歧视性。参与区域自由贸易合作时，要坚持开放、包容、透明原则，使之既有利于参与方，又能体现对多边贸易体系和规则的支持，避免全球贸易治理体系碎片化。”[②] 美国特朗普政府上任以来，保护主义、单边主义愈演愈烈，以世界贸易组织为核心的多边贸易体制受到严重冲击。中国旗帜鲜明反对保护主义和单边主义，坚定倡导建设开放型世界经济，促进贸易和投资自由化、便利化，推动经济全球化朝着更加开放、包容、普惠、平衡、共赢的方向发展。

为加强全球经济治理体系变革，中国将二十国集团定位为全球经

---

① 习近平．习近平谈治国理政．北京：外文出版社，2014：338.

② 习近平出席二十国集团领导人第八次峰会．人民日报，2013-09-07.

济治理的主要平台，并采取积极措施将二十国集团打造成为“世界经济的稳定器、全球增长的催化器、全球经济治理的推进器”[①]。二十国集团领导人峰会起步于 2008 年金融危机的紧要关头。2008 年 11 月，二十国集团领导人首次峰会在华盛顿举行，二十国集团开始从全球经济治理的边缘走向中心，逐步确立起作为应对金融危机主要平台的地位。各国在改革既有国际金融机构和规则方面达成诸多共识，联手采取了一系列经济刺激计划。此后，二十国集团取代八国集团成为世界经济合作的主要平台，其角色定位也发生了转变，即从单纯应对金融危机的机制转变为促进全球经济合作的主要平台。2011 年后二十国集团正式形成了“领导人峰会—部长级会议—工作组会议”的制度架构，标志着以新兴国家为代表的发展中国家开始平等参与全球经济治理。2016 年 9 月的二十国集团领导人杭州峰会，是近年中国主办的级别最高、规模最大、影响最深的国际峰会。在这次峰会上，中国“首次全面阐释我国的全球经济治理观，首次把创新作为核心成果，首次把发展议题置于全球宏观政策协调的突出位置，首次形成全球多边投资规则框架，首次发布气候变化问题主席声明，首次把绿色金融列入二十国集团议程，在二十国集团发展史上留下了深刻的中国印记”[②]。杭州峰会丰富了国际社会关于全球经济治理的共识，在推动二十国集团实现转型发展的同时，充分展现了中国参与全球经济治理的智慧与贡献。面对世界经济由于发展不平衡、贸易壁垒增加、金融脆弱等带来的不稳定性和不确定性，中国主张二十国集团加强团结，形成合力，为世界经济增长发掘新动力，通过协商为应对共同挑战找到共赢的解决方案，向着构建人类命运共同体的目标迈进。

在发展领域，中国一直积极参与联合国的发展议程。2015 年 9 月，习近平主席在联合国可持续发展峰会上指出：“中国郑重承诺，以落实 2015 年后发展议程为己任，团结协作，推动全球发展事业不

① 习近平．推动创新发展　实现联动增长——在二十国集团领导人第九次峰会第一阶段会议上的发言．人民日报，2014-11-16.

② 习近平．习近平谈治国理政：第 2 卷．北京：外文出版社，2017：449.

断向前！”[①] 同时，中国宣布了包括设立南南合作援助基金等一系列推进国际发展合作、帮助发展中国家实现可持续发展的重大举措。在联合国的发展体系中，中国已经从曾经的受援国转变为新兴的援助大国，有责任也有能力在落实可持续发展目标的进程中发挥引领作用，实践中国推动全球治理体制变革的蓝图。2016 年 9 月，中国率先发布了《中国落实 2030 年可持续发展议程国别方案》，为其他国家尤其是发展中国家推进落实工作提供借鉴和参考。由于中国的推动，二十国集团领导人杭州峰会上通过了《二十国集团落实 2030 年可持续发展议程行动计划》，这是发展议程首次被列为二十国集团的核心议题。实现可持续发展，既是 2016—2030 年联合国的发展议程，也是中国发展的迫切需要。中国在国内建设中贯彻的“创新、协调、绿色、开放、共享”的发展理念与可持续发展议程的理念相通。中国倡导的“一带一路”建设，旨在探索国际合作与全球治理的新模式，同样以推动包容、可持续的经济增长与社会发展为目标。从这个角度来看，将参与可持续发展议程与“一带一路”建设结合起来不仅是必要的，也是可行的。2016 年 11 月，第 71 届联合国大会通过的关于阿富汗问题的决议中，呼吁国际社会进一步向阿富汗提供援助，欢迎“一带一路”等经济合作倡议。这是“一带一路”倡议首次被写入联合国决议，中国对联合国可持续发展议程的参与获得了更加广阔的战略空间。

为加强应对气候变化的全球努力，中国同样展现了负责任大国的引领作用。习近平主席在出席 2015 年底的气候变化巴黎大会时，系统提出应对全球气候变化的中国主张，呼吁各国达成一个全面、均衡、有力度、有约束力的气候变化协议，为推进全球气候治理贡献了中国智慧和中国力量。中国认真落实气候变化领域南南合作政策承诺，支持发展中国家特别是最不发达国家、内陆发展中国家、小岛屿发展中国家应对气候变化挑战。为了加大支持力度，中国在 2015 年 9 月宣布设立 200 亿元人民币的中国气候变化南南合作基金。2016

① 习近平．习近平在联合国成立 70 周年系列峰会上的讲话．北京：人民出版社，2015：6.

年，中国启动在发展中国家开展 10 个低碳示范区、100 个减缓和适应气候变化项目及 1 000 个应对气候变化培训名额的合作项目，继续推进清洁能源、防灾减灾、生态保护、气候适应型农业、低碳智慧型城市建设等领域的国际合作，并帮助他们提高融资能力。①

在新兴的全球性议题领域，中国未雨绸缪，积极寻求应对全球性挑战的治理模式，提出“要加大对网络、极地、深海、外空等新兴领域规则制定的参与，加大对教育交流、文明对话、生态建设等领域的合作机制和项目支持力度”②。科技的日新月异和全球化的迅猛发展，给人类社会带来越来越多、越来越复杂的全球性问题。中国主张从构建人类命运共同体的高度，坚持以人类共同福祉为根本，对新兴领域进行前瞻性的探索，“要秉持和平、主权、普惠、共治原则，把深海、极地、外空、互联网等领域打造成各方合作的新疆域，而不是相互博弈的竞技场”③。以互联网领域为例，中国作为一个网络大国，积极参与全球互联网的发展与治理。自 2014 年起，中国发起并每年举办世界互联网大会，搭建起中国与世界互联互通、国际互联网共享共治的平台，这正是新兴领域治理路径的成功尝试。习近平主席提出了全球互联网治理的中国方案，强调坚持尊重网络主权、维护和平安全、促进开放合作、构建良好秩序等四项原则，并提出加快全球网络基础设施建设、打造网上文化交流共享平台、推动网络经济创新发展、保障网络安全、构建互联网治理体系等五点主张④，为国际社会建立多边、民主、透明的全球互联网治理体系打下了基础。

四、推动全球治理体制变革的中国创新

习近平主席关于全球治理体制变革的重要思想，既是一个科学的

① 习近平．习近平谈治国理政：第 2 卷．北京：外文出版社，2017：530－531.
② 同①450.
③ 同①541.
④ 同①534－536.

理论体系，又是一个战略性的行动指南。面对当今世界发展的新情况、新问题、新要求，现行全球治理体制难以有效应对，存在大量制度漏洞、模糊空间和空白领域，亟须在推动现行体制改革的基础上，通过制度创新促进新型治理体制的构建。为此，习近平主席指出："我们将更加积极有为地参与国际事务，致力于推动完善国际治理体系，积极推动扩大发展中国家在国际事务中的代表性和发言权。我们将更多提出中国方案、贡献中国智慧，为国际社会提供更多公共产品。"[①] 由于西方主导下的国际金融制度长期不能给予中国足够的代表性和话语权，所以为了提高中国对全球金融治理的参与程度，扩大中国在国际金融制度中的决策权，近年来，凭借处于上升中的金融实力，中国在国际经济金融领域、周边区域合作领域等方面大力创新，推动建设新机制新规则，包括推进"一带一路"建设，倡导成立亚投行、丝路基金，参与建立新开发银行等新型国际金融机制，有力推动全球治理体制朝着更加公正合理的方向发展。

"一带一路"建设是中国对"国际合作以及全球治理新模式的积极探索"[②]，是中国构建人类命运共同体的战略构想。它并非着眼于单个实体或机构，而是一项史无前例的系统工程，旨在打造一个包容、开放的合作平台，创造一种新型的国际合作模式，在已有合作基础上推动发展战略对接和优势互补，不仅符合中国进一步开放和发展的需要，同时也满足参与国的发展需要，堪称中国国家发展战略和对外战略的重大创新。其中，金融创新最具典型意义，亚投行的成立、丝路基金的启动是"一带一路"建设的创新亮点，不仅为中国经济增长注入新动力，而且为全球治理提供了新思路、新方案，为世界各国开辟了国际合作的新道路，是中国对推动全球治理体制变革的重大贡献。

亚投行是中国主导筹建的、政府间性质的多边开发金融机构，是

① 习近平接受拉美四国媒体联合采访. 人民日报，2014-07-15.

② 推动共建丝绸之路经济带和21世纪海上丝绸之路的愿景与行动. 北京：人民出版社，2015：3.

中国推动全球治理体制变革的里程碑。2013 年 10 月，习近平主席在雅加达同印度尼西亚总统苏西洛会谈时，首次提出了筹建亚投行的倡议："为促进本地区互联互通建设和经济一体化进程，中方倡议筹建亚洲基础设施投资银行，愿向包括东盟国家在内的本地区发展中国家基础设施建设提供资金支持。新的亚洲基础设施投资银行将同域外现有多边开发银行合作，相互补充，共同促进亚洲经济持续稳定发展。"[①] 2014 年 10 月，首批 21 个意向创始成员国代表在北京签署《筹建亚投行备忘录》，决定成立亚投行。2015 年 6 月，50 个意向创始成员国代表签署了《亚洲基础设施投资银行协定》。2015 年 12 月，《亚洲基础设施投资银行协定》达到法定生效条件，亚投行正式宣告成立，意向创始成员国增加为 57 个，其中亚洲 37 个，域外 20 个，涵盖亚洲、大洋洲、欧洲、拉丁美洲和非洲，具有广泛的国际代表性。2016 年 1 月 16 日，亚投行正式开业。习近平主席在亚投行开业仪式上的致辞中指出："中国是国际发展体系的积极参与者和受益者，也是建设性的贡献者。倡议成立亚投行，就是中国承担更多国际责任、推动完善现有国际经济体系、提供国际公共产品的建设性举动，有利于促进各方实现互利共赢。"[②] 亚投行成立后，世界各国和地区争相申请加入。截至 2018 年 7 月，亚投行成员国达到 87 个，参与投资的基础设施建设项目达到 28 个，涉及 10 多个国家，贷款总额超过 52 亿美元。

亚投行奉行开放的区域主义，同现有多边开发银行相互补充、共同发展。作为亚投行倡议方，中国承诺坚定不移支持亚投行运营和发展，除按期缴纳股本金之外，还向银行即将设立的项目准备特别基金出资 5 000 万美元，用于支持欠发达成员国开展基础设施建设。现行国际金融体制由全球性和区域性的金融机构、规则和协调机制构成，新自由主义经济学在其中占据主导地位，信奉市场自由主义和对外开

① 中国印尼关系提升为全面战略伙伴关系. 人民日报，2013-10-03.

② 习近平出席亚洲基础设施投资银行开业仪式并致辞. 人民日报，2016-01-17.

放原则，主张世界各国实现金融开放和金融自由化。总体上，传统金融机构对发展中国家与发达国家存在的明显制度差异和发展水平差距认识不够，对各国发展道路多样化的包容度较小，忽视了发展中国家对基础设施建设的迫切需求。亚投行以改善发展中国家基础设施建设为运行重点，可以有效缓解全球基础设施建设的融资约束，无论是业务范围还是投资规模，它的设立对于现行金融体制都形成有益的补充和激励。亚投行成立过程中所体现出的开放、包容、协商的特性，以及其协商一致的决策方式、不干预内政的贷款方式等，表明它与西方国家主导下的国际金融机构截然不同。它的运行将弥补亚洲地区基础设施建设的资金缺口，推动区域互联互通和经济一体化进程，同时完善国际发展融资体系，引导全球金融治理体制变革的方向。长期以来，发展中国家在国际金融体制中处于边缘地位，缺乏足够的代表性和话语权，是金融全球化和金融自由化进程中的脆弱环节，容易受到金融危机的侵蚀。中国要在全球金融治理体制变革中扮演更加重要的角色，就应该依托发展中国家的团结一致，打造新的国际金融机构，增进发展中国家在全球金融治理体制变革上的共识。倡议成立亚投行，就是中国承担更多国际责任、推动完善现有国际经济体制、提供国际公共产品的建设性举动，有利于促进各方实现互利共赢。中国有信心、有能力在保持本国经济持续健康发展的同时，在亚投行的平台上为亚洲和世界各国创造更多机遇、带来更多福祉。

丝路基金是中国为落实“一带一路”建设而设立的旨在发展亚欧陆上经济的专项基金。2014 年 11 月 4 日，习近平总书记主持召开中央财经领导小组第八次会议，首次提出“设立丝路基金是要利用我国资金实力直接支持‘一带一路’建设”①。在之后举行的“加强互联互通伙伴关系”东道主伙伴对话会上，中国出资 400 亿美元成立丝路基金的计划正式出台。“丝路基金是开放的，可以根据地区、行业或

① 加快推进丝绸之路经济带和 21 世纪海上丝绸之路建设. 人民日报，2014-11-07.

者项目类型设立子基金，欢迎亚洲域内外的投资者积极参与。”①2014 年 12 月，丝路基金在北京注册成立，并正式开始运行。作为中长期开发投资基金，丝路基金秉承“开放包容、互利共赢”的理念，为“一带一路”框架内的经贸合作和双边多边互联互通提供投融资支持，促进中国与沿线国家和地区共同发展、共同繁荣。2017 年 5 月，习近平主席在“一带一路”国际合作高峰论坛上宣布，中国向丝路基金新增资金 1 000 亿元人民币，这进一步增强了丝路基金的资金规模。

新开发银行是首个由新兴国家突破区域界线成立的多边金融机构，于 2014 年 7 月在金砖国家领导人第六次峰会上宣布成立，2015 年 7 月正式开业。新开发银行着眼于长期发展融资，同时简化金砖国家之间的相互结算与贷款业务，减少对美元和欧元的依赖。与之同时成立的应急储备安排则着眼于金融稳定，从而解决金砖国家和其他发展中国家在基础设施等领域的资金短缺问题，共同抵御市场波动，它是现行全球金融体制的重要补充，表明金砖国家成为改革全球金融治理的重要力量。中国要在全球金融治理体制变革中扮演重要角色，就应该“把金砖国家新开发银行和应急储备安排这两个机制建设好、维护好、发展好，为发展中国家经济发展提供有力保障”②，提升发展中国家在全球金融治理上的作用。2017 年 9 月，中国宣布向新开发银行提供 400 万美元项目准备基金，支持新开发银行的业务运营和长远发展。

除了指导上述经济金融领域的创新举措，习近平总书记还就中国参与全球治理的能力问题提出了具有前瞻性的观点和主张。他强调指出，积极发掘中华优秀文化的处世之道和治理理念同当今时代的共鸣点，推动全球治理理念、能力建设和人才培养的创新发展。更加公正合理的全球治理离不开对人类各种优秀文明成果的吸收，中华传统文

① 习近平. 习近平谈治国理政：第 2 卷. 北京：外文出版社，2017：498.

② 习近平. 坚定信心　共谋发展——在金砖国家领导人第八次会晤大范围会议上的讲话. 人民日报，2016-10-17.

化博大精深，发挥中华传统文化的优势，将其注入全球治理理念，是中国传统智慧的独特贡献。关于当前全球治理能力相对薄弱、全球治理人才队伍缺乏的问题，习近平总书记提出“要加强能力建设和战略投入，加强对全球治理的理论研究，高度重视全球治理方面的人才培养”①。结合中国自身的情况，习近平总书记强调从四方面着手进行能力建设，即“规则制定能力、议程设置能力、舆论宣传能力、统筹协调能力”②。对于中国参与全球治理的人才，习近平总书记提出了六方面的素质要求：“熟悉党和国家方针政策、了解我国国情、具有全球视野、熟练运用外语、通晓国际规则、精通国际谈判”③。

习近平总书记关于全球治理体制变革的思想既具有鲜明的中国特色，又充分体现了中国与世界各国共同应对全球性问题、维护人类共同利益的责任担当。“万物并育而不相害，道并行而不相悖。我们要站在世界历史的高度审视当今世界发展趋势和面临的重大问题，坚持和平发展道路，坚持独立自主的和平外交政策，坚持互利共赢的开放战略，不断拓展同世界各国的合作，积极参与全球治理，在更多领域、更高层面上实现合作共赢、共同发展，不依附别人、更不掠夺别人，同各国人民一道努力构建人类命运共同体，把世界建设得更加美好。”④ 当前，中国已经在全球治理体制变革进程中发挥着引领作用。随着中国国家实力的进一步提升，中国将以更加进取的姿态、更加有力的举措，推动全球治理体制朝着更加公正合理的方向发展，为实现“两个一百年”奋斗目标和中华民族伟大复兴的中国梦、为世界的和平与发展做出更大贡献。

---

① 推动全球治理体制更加公正更加合理　为我国发展和世界和平创造有利条件. 人民日报，2015-10-14.

②③ 习近平. 习近平谈治国理政：第2卷. 北京：外文出版社，2017：450.

④ 习近平. 在纪念马克思诞辰200周年大会上的讲话. 人民日报，2018-05-05.

Building a Community of Shared Future for Mankind

第五章

推进“一带一路”建设

5 推进“一带一路”建设

“一带一路”是中国根据古丝绸之路留下的宝贵启示，着眼于世界各国人民追求和平与发展的共同梦想，为世界提供的一项充满东方智慧的共同繁荣发展的方案。推进“一带一路”建设，是中国构建人类命运共同体和打造新型国际关系的系统工程，是习近平外交思想的重要组成部分，充分体现出中国新一届中央领导集体准确把握世界形势深刻变化并由此开拓广阔发展空间的大谋略与大智慧。

一、“一带一路”倡议的提出

丝绸之路是发端于古代中国，横贯东西、连接欧亚的贸易与人文交流大动脉。千百年来，它始终承载着推进人类文明进步、加速东西方文明碰撞、促进沿线各国交流合作并共享发展成果的伟大使命。步入 21 世纪后，一方面，全球性问题日益凸显，迫使各国同舟共济、缓解多重矛盾；另一方面，新技术革命推动交通运输、互联网信息传播技术蓬勃发展，把全世界变为内聚性极高的“村落”。面对复苏乏力的全球经济形势、纷繁复杂的国际政治局面，传承和弘扬丝绸之路精神更显重要和珍贵。共建“一带一路”，是以习近平同志为核心的党中央统揽政治、外交、经济社会发展全局做出的重大战略决策，也是实施新一轮对外开放的重要举措。正如习近平总书记指出的那样，“这一带一路，就是要再为我们这只大鹏插上两只翅膀，建设好了，大鹏就可以飞得更高更远”①。

2013 年 9 月 7 日，习近平主席访问哈萨克斯坦期间发表题为《弘扬人民友谊　共创美好未来》的重要演讲，首次向世人展露了寻求共建“丝绸之路经济带”的宏伟愿景和友好心声。“为了使我们欧亚各国经济联系更加紧密、相互合作更加深入、发展空间更加广阔，我们可以用创新的合作模式，共同建设‘丝绸之路经济带’。……以

---

① 中央经济工作会议在北京举行. 人民日报，2013-12-14.

点带面，从线到片，逐步形成区域大合作。”①

2013年10月3日，习近平主席访问印度尼西亚并发表题为《携手建设中国-东盟命运共同体》的讲话，阐发了推进丝路精神由陆至海的雄心壮志：“东南亚地区自古以来就是‘海上丝绸之路’的重要枢纽，中国愿同东盟国家加强海上合作，使用好中国政府设立的中国-东盟海上合作基金，发展好海洋合作伙伴关系，共同建设21世纪‘海上丝绸之路’。”② 至此，“一带一路”建设的框架基本形成。

2013年11月，党的十八届三中全会通过的《中共中央关于全面深化改革若干重大问题的决定》明确指出：“推进丝绸之路经济带、海上丝绸之路建设，形成全方位开放新格局。”③ “一带一路”倡议正式升级为国家对外关系的顶层设计。2013年12月，在中央经济工作会议上，习近平总书记指出：“推进丝绸之路经济带建设，抓紧制定战略规划，加强基础设施互联互通建设。建设21世纪海上丝绸之路，加强海上通道互联互通建设，拉紧相互利益纽带。”④ 这表明“一带一路”倡议进入战略规划阶段。

2014年5月21日，习近平主席在亚洲相互协作与信任措施会议第四次峰会上发表题为《积极树立亚洲安全观，共创安全合作新局面》的主旨讲话，深度诠释“一带一路”倡议的指导思想及价值取向，指出：“中国将同各国一道，加快推进丝绸之路经济带和21世纪海上丝绸之路建设，尽早启动亚洲基础设施投资银行，更加深入参与区域合作进程，推动亚洲发展和安全相互促进、相得益彰。”⑤

2014年6月5日，习近平主席在中阿合作论坛第六届部长级会议开幕式上发表题为《弘扬丝路精神，深化中阿合作》的讲话，表

---

① 习近平．习近平谈治国理政．北京：外文出版社，2014：289.

② 同①293.

③ 中共中央关于全面深化改革若干重大问题的决定．人民日报，2013-11-16.

④ 中央经济工作会议在北京举行．人民日报，2013-12-14.

⑤ 同①358.

示："中国同阿拉伯国家因为丝绸之路相知相交"，"是共建'一带一路'的天然合作伙伴"。中阿双方"应该坚持共商、共建、共享原则"，"打造中阿利益共同体和命运共同体"①。在回顾阿拉伯国家与中国源远流长的深情厚谊的基础上，习近平主席指明了当下和未来"一带一路"建设所具有的"黏合剂"潜能。

2014 年 9 月 18 日，习近平主席在印度世界事务委员会上发表题为《携手追寻民族复兴之梦》的演讲，指出："中国提出'一带一路'倡议，就是要以加强传统陆海丝绸之路沿线国家互联互通，实现经济共荣、贸易互补、民心相通。中国希望以'一带一路'为双翼，同南亚国家一道实现腾飞。"② 同年 11 月，中央财经领导小组第八次会议通过了《丝绸之路经济带和 21 世纪海上丝绸之路规划》，要求做好"一带一路"总体布局，尽早确定今后几年的时间表和路线图。2015 年 3 月，中国国家发展和改革委员会、外交部、商务部联合发布《推动共建丝绸之路经济带和 21 世纪海上丝绸之路的愿景与行动》，表明"一带一路"建设已经由倡议阶段进入了实施阶段。

2015 年 3 月 28 日，习近平主席借出席博鳌亚洲论坛 2015 年年会开幕式之机，再次诠释"一带一路"的内涵，强调指出，"一带一路"建设"不是封闭的，而是开放包容的；不是中国一家的独奏，而是沿线国家的合唱"，"不是要替代现有地区合作机制和倡议，而是要在已有基础上，推动沿线国家实现发展战略相互对接、优势互补"③。

2015 年 11 月 7 日，习近平主席在新加坡国立大学发表题为《深化合作伙伴关系　共建亚洲美好家园》的重要演讲，强调指出，"一带一路"是发展的倡议、合作的倡议、开放的倡议，其首要合作伙伴及受益对象均着眼周边，"我们欢迎周边国家参与到合作中来，共同

---

① 习近平．习近平谈治国理政．北京：外文出版社，2014：316.

② 习近平．携手追寻民族复兴之梦——在印度世界事务委员会的演讲．人民日报，2014-09-19.

③ 习近平．迈向命运共同体　开创亚洲新未来——在博鳌亚洲论坛 2015 年年会上的主旨演讲．人民日报，2015-03-29.

推进‘一带一路’建设，携手实现和平、发展、合作的愿景”[①]。

2015年11月18日，习近平主席出席亚太经合组织工商领导人峰会时指出：“我们坚持开放的区域主义，同域内外许多国家签署合作协议，实现政策和发展战略对接，促进经济要素有序自由流动、资源高效配置、市场深度融合。通过‘一带一路’建设，我们将开展更大范围、更高水平、更深层次的区域合作，共同打造开放、包容、均衡、普惠的区域合作架构。”[②]

2016年1月19日，习近平主席在埃及《金字塔报》发表题为《让中阿友谊如尼罗河水奔涌向前》的署名文章，生动形象地把“一带一路”建设的目标形容为“百花齐放的大利，而非一枝独秀的小利”，呼吁中埃共建“一带一路”，把各自发展战略对接起来，深化和拓展能源、贸易投资、基础设施建设、高技术等领域合作，并且“欢迎埃及和其他阿拉伯国家搭乘中国发展的便车、快车，实现双方协同发展和联动增长”[③]。

2016年3月，国家“十三五”规划纲要发布，“推进‘一带一路’建设”成为专门的一章。

2016年6月22日，习近平主席访问乌兹别克斯坦期间发表题为《携手共创丝绸之路新辉煌》的演讲，提出推动“一带一路”建设向更高水平、更广空间迈进，突出携手打造“绿色丝绸之路”“健康丝绸之路”“智力丝绸之路”“和平丝绸之路”[④] 的新理念，充分展示了习近平主席对沿线国家在环境保护、医疗卫生、人才培养、安保工作等领域加强合作的宏伟蓝图、坚定信念和美好展望。

2016年8月17日，推进“一带一路”建设工作座谈会召开，习

---

① 习近平. 深化合作伙伴关系　共建亚洲美好家园——在新加坡国立大学的演讲. 人民日报，2015-11-08.

② 习近平. 发挥亚太引领作用　应对世界经济挑战——在亚太经合组织工商领导人峰会上的主旨演讲. 人民日报，2015-11-19.

③ 习近平. 让中阿友谊如尼罗河水奔涌向前. 人民日报，2016-01-20.

④ 习近平. 携手共创丝绸之路新辉煌——在乌兹别克斯坦最高会议立法院的演讲. 人民日报，2016-06-23.

近平总书记指出，“‘一带一路’建设从无到有、由点及面，进度和成果超出预期”①，并对“一带一路”建设提出了统一思想、统筹协调、金融创新、人文合作、安全保障等 8 项要求。

2017 年 1 月 17 日，习近平主席在达沃斯世界经济论坛年会开幕式上发表演说时，总结了“一带一路”惠及世界的成效：100 多个国家和国际组织积极响应支持，40 多个国家和国际组织同中国签署合作协议，中国企业对沿线国家投资达到 500 多亿美元，一系列重大项目落地开花，带动了各国经济发展，创造了大量就业机会②。

2017 年 5 月 14 日至 15 日，“一带一路”国际合作高峰论坛在北京举行，来自 130 多个国家和 70 多个国际组织的约 1 500 名代表与会，包括 29 位外国元首、政府首脑及联合国秘书长等 3 位重要国际组织负责人。习近平主席指出：“中国愿在和平共处五项原则基础上，发展同所有‘一带一路’建设参与国的友好合作。中国愿同世界各国分享发展经验，但不会干涉他国内政，不会输出社会制度和发展模式，更不会强加于人。我们推进‘一带一路’建设不会重复地缘博弈的老套路，而将开创合作共赢的新模式；不会形成破坏稳定的小集团，而将建设和谐共存的大家庭。”③

党的十九大强调“积极促进‘一带一路’国际合作，努力实现政策沟通、设施联通、贸易畅通、资金融通、民心相通，打造国际合作新平台，增添共同发展新动力”④。将“遵循共商共建共享原则，推进‘一带一路’建设”写入党章，展现出中国致力于推进“一带一路”国际合作，为世界共同发展继续做出贡献的郑重承诺。

2018 年 4 月，习近平主席在博鳌亚洲论坛 2018 年年会开幕式上指出：“共建‘一带一路’倡议源于中国，但机会和成果属于世界，

---

① 习近平．习近平谈治国理政：第 2 卷．北京：外文出版社，2017：504.

② 习近平．共担时代责任　共促全球发展——在世界经济论坛 2017 年年会开幕式上的主旨演讲．人民日报，2017-01-18.

③ 同①514.

④ 习近平．决胜全面建成小康社会　夺取新时代中国特色社会主义伟大胜利——在中国共产党第十九次全国代表大会上的报告．北京：人民出版社，2017：60.

中国不打地缘博弈小算盘，不搞封闭排他小圈子，不做凌驾于人的强买强卖。”①

2018 年 7 月，习近平主席在南非出席金砖国家领导人峰会期间，再次强调指出：“共建‘一带一路’倡议秉持共商共建共享原则，源于中国，属于世界。我们真诚希望金砖国家、非洲国家、广大新兴市场国家和发展中国家加入共建‘一带一路’伙伴网络，让共建‘一带一路’成果惠及更多国家和人民。”②

五年来，“一带一路”倡议在习近平总书记多次深入浅出的解读中日益成熟、完善，由宏观抽象的区域性对外政策倡议转变为对内指导国家中长期经济社会发展、对外打造人类命运共同体的综合性战略构想。“一带一路”建设在习近平总书记遍布全球的出访路线中稳步开展，成为一个开放的国际合作平台，任何志同道合的国家都可以参与，通过将自己的发展战略与其他国家进行对接，通过加强国际合作来使自己受益，促进地区和世界经济的发展。

二、“一带一路”建设的蓝图

“一带一路”被誉为“世界上跨度最大和最具潜力的经济合作带”。亚欧大陆是共建“一带一路”的主要地区，这一建设“贯穿亚欧非大陆，一头是活跃的东亚经济圈，一头是发达的欧洲经济圈，中间广大腹地国家经济发展潜力巨大”③。丝绸之路经济带分为三条：中国西向经中亚、俄罗斯至欧洲（波罗的海）；中国西南向经中亚、西亚至波斯湾、地中海；中国南向至东南亚、南亚、印度洋。21 世

① 习近平．开放共创繁荣　创新引领未来——在博鳌亚洲论坛 2018 年年会开幕式上的主旨演讲．人民日报，2018-04-11．

② 习近平．顺应时代潮流　实现共同发展——在金砖国家工商论坛上的讲话．人民日报，2018-07-26．

③ 推动共建丝绸之路经济带和 21 世纪海上丝绸之路的愿景与行动．北京：人民出版社，2015：6．

纪海上丝绸之路分为两条：从中国沿海港口过南海到印度洋，延伸至欧洲；从中国沿海港口过南海到南太平洋。其特点是以东盟和东南亚地区为重点，带动南亚地区，并辐射至中东、东非和欧洲。陆路和海路两线彼此对接、浑然一体，囊括了新亚欧大陆桥、中蒙俄经济走廊、中亚—西亚经济走廊、中国—中南半岛经济走廊、中巴经济走廊、孟中印缅经济走廊等国际经济合作走廊。非洲是共建“一带一路”的关键伙伴，与亚欧大陆紧紧联系在一起。大洋洲是21世纪海上丝绸之路的南向延伸地区。作为一个开放的平台，“一带一路”倡议同样欢迎拉美和加勒比地区参与建设，欢迎感兴趣的国家和国际组织以不同方式参与合作。中国也愿意与有关发达国家一道，发挥技术、资金、产能、市场等互补优势，在“一带一路”沿线国家开展第三方合作，促进互利共赢。

中国认为，推进“一带一路”建设的总体思路，是“秉持和平合作、开放包容、互学互鉴、互利共赢的理念，全方位推进务实合作，打造政治互信、经济融合、文化包容的利益共同体、命运共同体和责任共同体”①。政策沟通、设施联通、贸易畅通、资金融通、民心相通是“一带一路”建设的核心内容。

第一，政策沟通是加强“一带一路”的重要保障。“各国可以就经济发展战略和对策进行充分交流，本着求同存异原则，协商制定推进区域合作的规划和措施，在政策和法律上为区域经济融合‘开绿灯’。”② 政策沟通是“一带一路”建设参与国开展各方面务实合作的基础，能够最大限度地化解矛盾，求同存异，增强政治互信与合作共识。做好政策沟通，要重点加强四个层面的对接。一是发展战略的对接，国家发展战略是关乎一国发展的重大抉择和顶层设计，发展战略对接是国家间最高层次的沟通与协调，有利于从宏观上寻求合作最大公约数；二是发展规划的对接，发展规划是对发展战略的细化和量

① 推动共建丝绸之路经济带和21世纪海上丝绸之路的愿景与行动．北京：人民出版社，2015：5-6.

② 习近平．习近平谈治国理政．北京：外文出版社，2014：289.

化，“一带一路”建设不仅要同有关国家的发展规划相对接，而且要同联合国可持续发展议程，同亚太经合组织、东盟、非盟、欧盟、拉共体等区域发展规划相对接；三是机制平台的对接，将各国有关执行机构的交流、沟通、磋商渠道和机制建立起来，在更大范围内有效整合经济要素和发展资源；四是具体项目的对接，项目是发展战略与规划的载体，要聚焦重点领域、重点方向、重点国别和重点项目，重点支持基础设施互联互通、能源资源开发利用、经贸产业合作区建设、产业核心技术研发等战略性优先项目的对接。

第二，设施联通是“一带一路”建设的优先领域。我们“将打通从太平洋到波罗的海的运输大通道”，“愿同各方积极探讨完善跨境交通基础设施，逐步形成连接东亚、西亚、南亚的交通运输网络，为各国经济发展和人员往来提供便利”①。设施联通要推进铁路、公路等陆上大通道建设，加快海上港口建设，完善油气管道、电力输送、通信网络，不仅要强化交通基础设施，而且要进一步实现能源基础设施、信息通信设施等新平台的交流合作，促进了其他四个方面的融会贯通。基础设施落后薄弱是制约“一带一路”沿线国家经济发展的主要短板，推进设施联通有利于突破发展瓶颈，加快沿线国家民生改善，同时优化沿线国家经贸合作环境，促进优势互补、实现共赢发展。

第三，贸易畅通是“一带一路”建设的重点内容。贸易是经济增长的重要引擎，在“一带一路”建设中发挥基础和先导作用，为实现“五通”注入强大动力。“一带一路”沿线国家产业结构不同，经济互补性强，贸易潜力巨大。“我们要有‘向外看’的胸怀，维护多边贸易体制，推动自由贸易区建设，促进贸易和投资自由化便利化。当然，我们也要着力解决发展失衡、治理困境、数字鸿沟、分配差距等问题，建设开放、包容、普惠、平衡、共赢的经济全球化。”② 2017

① 习近平. 习近平谈治国理政. 北京：外文出版社，2014：290.

② 习近平. 习近平谈治国理政：第2卷. 北京：外文出版社，2017：513.

年5月“一带一路”国际合作高峰论坛期间，中国宣布从2018年起举办中国国际进口博览会，为各国产品进入中国提供便利，为不同国家商品交易提供国际化平台；中国同60多个国家、地区和国际组织共同发起《推进“一带一路”贸易畅通合作倡议》，围绕促进贸易增长、振兴相互投资、促进包容可持续发展等方面提出了倡议；中国还与联合国贸发会议等机构签署了谅解备忘录，推动与有关国际组织围绕“一带一路”倡议加强合作，帮助其他发展中国家落实联合国2030年可持续发展议程。

第四，资金融通是“一带一路”建设的重要支撑。“一带一路”建设需要一个稳定、可持续、风险可控的金融保障体系，融资瓶颈是实现互联互通的突出挑战。破除“一带一路”融资瓶颈需要长期稳定的资金支持，需要着眼长远、多方参与，既要发挥政府的作用，更要发挥市场的力量，动员多渠道资金参与到“一带一路”建设中去。中国倡议成立了亚投行、丝路基金等机构，并着力深化同世界银行等传统多边开发机构的合作。由于“一带一路”建设项目资金需求规模大、回收周期长，迫切需要构建集商业银行、政策性银行、保险资金、基金投资以及民间资金为一体的多级投资平台，改变金融资源整合不到位的现状，形成立体化的投融资网络。与此同时，为防范金融风险，“一带一路”金融合作将积极构建区域性金融风险预警系统，充分发挥本币在“一带一路”建设中的作用，推进亚洲货币稳定体系、投融资体系和信用体系的建设。“如果各国在经常项下和资本项下实现本币兑换和结算，就可以大大降低流通成本，增强抵御金融风险能力，提高本地区经济国际竞争力。”①

第五，民心相通是“一带一路”建设的社会根基。“国之交在于民相亲，民相亲在于心相通”，“一带一路”建设的所有成果归根结底是要造福于各国人民，让每一个普通人感受到真实的获得感。“一带一路”沿线国家情况复杂，存在着语言、历史、文化、宗教等方面的

① 习近平．习近平谈治国理政．北京：外文出版社，2014：290.

差异，增进彼此了解以凝聚共识至关重要。正如习近平总书记指出的那样，“真正要建成‘一带一路’，必须在沿线国家民众中形成一个相互欣赏、相互理解、相互尊重的人文格局”[①]。传承和弘扬丝绸之路友好合作精神，尊重各国人民文化历史、风俗习惯，广泛开展文化交流、学术往来、人才交流合作、媒体合作、青年和妇女交往、志愿者服务等，能为“一带一路”建设铸造坚实的民意基础。

“五通”皆通，则是“一带一路”建设完成之时。

“一带一路”和互联互通相辅相成。“如果将‘一带一路’比喻为亚洲腾飞的两只翅膀，那么互联互通就是两只翅膀的血脉经络。”[②] 2014 年 11 月 8 日，习近平主席在“加强互联互通伙伴关系”东道主伙伴对话会上，强调要以亚洲国家为重点方向，以经济走廊为依托，以交通基础设施为突破，以建设融资平台为抓手，以人文交流为纽带，加强“一带一路”务实合作，深化亚洲国家互联互通伙伴关系，共建发展和命运共同体。他指出，互联互通是人类社会的追求，亚洲各国人民堪称互联互通的开拓者。“我们要建设的互联互通，不仅是修路架桥，不光是平面化和单线条的联通，而更应该是基础设施、制度规章、人员交流三位一体，应该是政策沟通、设施联通、贸易畅通、资金融通、民心相通五大领域齐头并进。这是全方位、立体化、网络状的大联通，是生机勃勃、群策群力的开放系统。”[③]

“一带一路”建设并非从零开始，而是充分利用现有双边、多边合作机制，通过在现有机制平台的“瓶子”中装入“一带一路”的“新酒”来推动相关重点领域和合作深入开展。双边层面，中国积极推动与有关国家签署“一带一路”合作谅解备忘录或编制双边合作规划，完善双边工作机制，细化共建“一带一路”的方案和路线图。以此为起点，推动共建一批合作示范项目，让双边合作驶向“快车道”。

---

① 借鉴历史经验创新合作理念 让“一带一路”建设推动各国共同发展. 人民日报，2016-05-01.

② 习近平. 习近平谈治国理政：第 2 卷. 北京：外文出版社，2017：497.

③ 习近平. 联通引领发展 伙伴聚焦合作——在“加强互联互通伙伴关系”东道主伙伴对话会上的讲话. 人民日报，2014-11-09.

多边层面，中国积极发挥上海合作组织、中国-东盟、亚太经合组织、亚欧会议、亚洲合作对话、亚信会议、中阿合作论坛、中国-海合会战略对话、大湄公河次区域经济合作、中亚区域经济合作等现有多边合作机制的作用，让更多国家和地区参与“一带一路”建设；继续发挥沿线各国的区域、次区域国际论坛、展会、博览会等平台的建设性作用。中国是上海合作组织的支柱之一，习近平主席提出：“我们希望丝绸之路经济带建设同上海合作组织各国发展规划相辅相成，将同有关国家一道，实施好丝绸之路经济带同欧亚经济联盟对接，促进欧亚地区平衡发展。”① 东盟是中国落实“一带一路”建设的重点和优先方向，中国-东盟对话合作 20 多年来打下的坚实基础有利于“一带一路”建设项目的实施，使中国与东盟实现更高程度上的互联互通与良性互动。“一带一路”建设同样激发了亚太经合组织的新活力，我们要“采取更加有力的行动，早日建成亚太自由贸易区，把开放型亚太经济水平推向新高度”②。

“一带一路”建设不是空洞的口号，而是一系列实实在在的推进沿线国家发展战略相互对接的项目和举措。它不是中国版的“马歇尔计划”，更不是中国版的“门罗宣言”。“马歇尔计划”表面上是援助西欧的经济计划，其根本目的却在于促使东西方对抗和争夺霸权。“门罗主义”将拉丁美洲看作自己的势力范围，实质是美国扩张主义的表现。“一带一路”建设不以任何国家的发展模式和发展道路为标准，而是秉持共商共建共享原则，弘扬和平合作、开放包容、互学互鉴、互利共赢的丝路精神，不仅造福中国人民，而且造福参与国的各国人民，推动世界经济的整体繁荣和共同进步。正如习近平主席所说的那样：“这条路不是某一方的私家小路，而是大家携手前进的阳光大道。”③

---

① 习近平．团结互助　共迎挑战　推动上海合作组织实现新跨越——在上海合作组织成员国元首理事会第十五次会议上的讲话．人民日报，2015-07-11.

② 习近平．面向未来开拓进取　促进亚太发展繁荣——在亚太经合组织第二十四次领导人非正式会议第一阶段会议上的发言．人民日报，2016-11-22.

③ 习近平出席中英工商峰会并致辞．人民日报，2015-10-22.

三、“一带一路”建设的机遇与挑战

“一带一路”建设的提出和贯彻拥有天时、地利、人和优势带来的机遇。所谓天时，是指当今世界正在发生复杂深刻的变化。“共建‘一带一路’旨在促进经济要素有序自由流动、资源高效配置和市场深度融合，推动沿线各国实现经济政策协调，开展更大范围、更高水平、更深层次的区域合作，共同打造开放、包容、均衡、普惠的区域经济合作架构。”① 这一建设顺应了世界多极化、经济全球化、文化多样化、社会信息化的潮流，符合国际社会的根本利益。所谓地利，是指古丝绸之路精神传承至今并且具有重焕新生的地域基础。中国与亚欧大陆广袤的腹地国家毗邻，“一带一路”建设的全方位推进享有得天独厚的地缘优势。今日亚洲已经成为世界经济增长中心，国家之间经济互补性强。中国经济的成功对世界范围内的众多国家产生了积极的示范效应，“一带一路”建设具有普遍的吸引力。所谓人和，是指古丝绸之路传播了中华文明的优秀成果和中华民族和平、开放、包容的理念。“一带一路”建设传达了中国的讲信修睦、守望相助的传统观念以及和平发展、合作共赢的主张，有助于唤起沿线各国和人民的亲近感、认同感。

“‘一带一路’是促进共同发展、实现共同繁荣的合作共赢之路，是增进理解信任、加强全方位交流的和平友谊之路。”② 但是，“一带一路”建设进程中仍然面临诸多现实风险与挑战。

第一，大国地缘政治博弈带来的全局性挑战。“一带一路”沿线很多地区自古即为兵家必争之地，地缘关系错综复杂、异常敏感，区域内国家的防范意识强烈，域外大国的干预、遏制也不可避免。长期

---

① 推动共建丝绸之路经济带和21世纪海上丝绸之路的愿景与行动. 北京：人民出版社，2015：3.

② 同①5.

以来，中国的一些周边国家采取“经济上靠中国，政治上靠美国”的双重获利战略，在政治安全上猜忌和不信任中国。“一带一路”建设主打经济牌，让参与国分享中国经济增长的果实，却又引发中小国家有关对中国经济依赖程度太高的顾虑、对中国大规模投资改变自身文化传统的忧虑等。少数域外大国为争夺地缘优势和主导权，更是采取拉拢中小国家、故意激化矛盾的方式来阻挠“一带一路”建设的推进。如同习近平主席所说：“了解和理解一个有着 5 000 多年文明、56 个民族、13 亿多人口的大国，确实不是一件容易的事情，但最好的判断就是以事实为依据，不要雾里看花、水中观月。”① “一带一路”建设的成功实施，有赖于沿线国家的大力支持。中国需要采取积极措施应对部分参与国信任不足的情形，充分调动参与国的积极性和参与感，减少推进“一带一路”建设的阻力。

第二，部分沿线国家政局动荡与常态化的安全威胁。“一带一路”沿线分布着多个转型国家，其政治生态波谲云诡，一方面使得其国内精英层精力分散、腐败现象严重，无法专注于经济发展并回应“一带一路”建设的需求；另一方面也令“一带一路”建设可能沦为其国内政治斗争的筹码或危机转嫁对象。同时，“一带一路”沿线地区存在大量悬而未决的历史遗留问题与种族宗教争端，地区冲突持续不断、恐怖主义和宗教极端主义势力猖獗、海盗活动频繁，中亚、西亚、北非等地区安全形势均不乐观，东南亚、南亚的恐怖主义活动也时有发生。这种状况不仅严重威胁到中国及沿线国家参与“一带一路”项目建设的人员、设施安全，降低项目投资的收益，而且在某种程度上打击了各方与“一带一路”建设实现对接的积极性。

第三，国内分裂主义势力与主权争端的掣肘。“藏独”等分裂主义势力严重影响民族团结、国家统一和社会稳定。一直以来，“藏独”等的分裂主义活动得到境外势力不同程度的支持，其长期延续与外部

---

① 习近平. 共倡开放包容 共促和平发展——在伦敦金融城市长晚宴上的演讲. 人民日报，2015-10-23.

势力的插手密不可分。随着“一带一路”建设开放力度的增加，内部的分裂主义势力与境外极端分子、民族分裂分子和恐怖主义分子之间的勾结与互动有可能增加，从而对“一带一路”建设着力营造的内外安全环境形成威胁。此外，中国周边尚有悬而未决的领土和海洋权益争端，一些国家的挑衅行为迫使中国用实际行动表明自己的核心利益和战略底线，但这也有着激化矛盾、加剧戒心的风险，冲击“一带一路”建设所依托的和平发展环境。习近平主席指出，“亚洲各国政府面临的最重要课题是如何实现持续快速发展，这需要一个和平稳定的环境。这是地区国家的最大公约数”①。然而，通过谈判和协商解决有关争议需要一个长期的过程。

第四，“一带一路”建设的经济风险。“一带一路”建设的沿线国家大部分经济比较落后，经济社会发展存在不确定因素，整体的投资环境比较差，配套机制与设施建设一时难以完全达到中国海外投资的要求。很大一部分“一带一路”建设项目集中在基础设施投资领域，投资收益周期长，投资回报率不容乐观。沿线国家普遍缺乏充足的资金，项目的融资压力巨大。中国企业的海外投资起步较晚，面临着全新的社会、经济、政治、文化环境，在企业生产和管理方面难免遇到水土不服的问题，亟待学习并尽快适应，以避免投资运营风险。

“一带一路”建设承载着促进沿线国家经济繁荣、加强不同文明交流互鉴、促进世界和平发展的使命，从时代潮流、历史地理禀赋、现实需求、沿线国家人心聚合等因素来看可谓恰逢其时、充满机遇。习近平总书记就此指出：“以‘一带一路’建设为契机，开展跨国互联互通，提高贸易和投资合作水平，推动国际产能和装备制造合作，本质上是通过提高有效供给来催生新的需求，实现世界经济再平衡。特别是在当前世界经济持续低迷的情况下，如果能够使顺周期下形成的巨大产能和建设能力走出去，支持沿线国家推进工业化、现代化和

① 习近平．深化合作伙伴关系　共建亚洲美好家园——在新加坡国立大学的演讲．人民日报，2015-11-08.

提高基础设施水平的迫切需要，有利于稳定当前世界经济形势。”[①] 当然，机遇与挑战总是相伴而生，推进“一带一路”建设中的风险与挑战不可避免。然而，共享机遇、共迎挑战本身就是“一带一路”建设的共建原则。“有了‘自信人生二百年，会当水击三千里’的勇气，我们就能毫无畏惧面对一切困难和挑战，就能坚定不移开辟新天地、创造新奇迹。”[②]

四、“一带一路”建设的进展及成果

“一带一路”建设一经问世就受到世界各国和各国际组织的关注、响应、认可甚至创造性扩充。五年来，“一带一路”建设的内涵、外延及运作机制不断得到丰富和提升，跃升成为中国中长期经济社会发展的指导性纲领，成为越来越多国家共同参与的国际合作平台。“一带一路”建设已经取得了超出预期的丰硕成果，和平合作、开放包容、互学互鉴、互利共赢的“一带一路”精神及合作理念深入人心。2017 年 5 月，“一带一路”国际合作高峰论坛在北京成功举行，标志着“一带一路”倡议已经进入从理念到行动、从规划到实施的新阶段。

五年来，中国已经与 103 个国家和国际组织签署了 118 份共建“一带一路”方面的合作文件。“一带一路”倡议及其核心理念被纳入联合国、二十国集团、亚太经合组织、上海合作组织等重要国际机制成果文件。“一带一路”倡议持续凝聚国际合作共识，国际社会形成了共建“一带一路”的良好氛围。

五年来，互联互通的工程建设项目是“一带一路”建设的重要内容，涵盖铁路、公路、航运、航空、管道和空间综合信息网络“六

---

① 习近平. 习近平谈治国理政：第 2 卷. 北京：外文出版社，2017：504.

② 同①36.

路”，是基础设施互联互通的主要内容。中缅、中老、中泰铁路，印度尼西亚雅万高铁，中吉乌铁路，以及泛亚铁路网，中缅、中塔（二期）公路等项目取得先期突破；缅甸皎漂经济特区，柬埔寨西哈努克港与开发区，印度尼西亚港口及开发区，巴基斯坦瓜达尔港，中国—中亚天然气管道 A/B/C 线，中俄天然气管道东、西线等项目利好初现。埃塞俄比亚亚的斯亚贝巴—吉布提铁路建成通车，这是非洲第一条跨国电气化铁路。中缅原油管道投入使用，实现了原油通过管道从印度洋进入中国。中国企业还参与了沿线 20 多个国家的民航基础设施建设项目，力争实现“一带一路”的天空延展，使“空中丝路”与海陆两线交相辉映。中国还与沿线国家共同推进跨境光缆等通信网络建设，推动互联网和信息技术、信息经济等领域合作，提高国际通信互联互通水平。

五年来，“一带一路”经贸投资合作成效明显，同沿线国家贸易总额超过 5 万亿美元，成为 25 个沿线国家最大的贸易伙伴。根据 2018 年 5 月发布的《“一带一路”贸易合作大数据报告》，2017 年中国与“一带一路”国家的进出口总额达到 14 403.2 亿美元，同比增长 13.4%，高于中国整体外贸增速 5.9 个百分点，占中国进出口贸易总额的 36.2%。“一带一路”国家重要性愈发凸显，中国向“一带一路”国家出口 7 742.6 亿美元，同比增长 8.5%，占中国总出口额的 34.1%；进口 6 660.5 亿美元，同比增长 19.8%，占中国总进口额的 39.0%。五年来，中国已经在相关国家中建设了 82 个境外经贸合作区，累计投资 289 亿美元，为当地创造了 24.4 万个就业岗位。

五年来，“一带一路”建设的金融支撑机制开始发挥作用。亚洲基础设施融资需求巨大，是一片广阔的蓝海，新老机构互补空间巨大，可以通过开展联合融资、知识共享、能力建设等多种形式的合作和良性竞争，相互促进，取长补短，共同提高，提升多边开发机构对亚洲基础设施互联互通和经济可持续发展的贡献度。亚投行作为“一带一路”的投融资平台，可以解决亚洲区域的资源错配问题，实现其储蓄和投资的有效配置，并在全球进行融资和投资，支持亚洲和世界其他区域的基础设施发展，这也将改善“一带一路”沿线国家的投资环境。通过亚投行在基础设施方面的投融资，实现中国产业和产能同国外的合作，推动产业产能的战略转移，催生新的国际贸易产业链，推动“一带一路”更好更快发展。目前，从成员规模上看，亚投行已经成为仅次于世界银行的全球第二大多边开发机构，超过了欧洲复兴开发银行和亚洲开发银行的规模。丝路基金成立后，根据“市场化、国际化、专业化”的运作原则，将工作重点放在支持实体经济发展方面，并积极推进对经济发展具有带动能力的大型项目投资。截至2018年5月，丝路基金已签约19个项目，承诺投资额累计约70亿美元，支持项目涉及总金额达到800亿美元，覆盖俄罗斯、蒙古，以及中亚、南亚、东南亚等地区。五年来，中国对沿线国家直接投资超过700亿美元，年均增长7.2%。中国已经与17个国家核准《“一带一路”融资指导原则》，在7个沿线国家建立了人民币清算安排，已有11家中资银行在27个沿线国家设立了71家一级机构。

五年来，“一带一路”建设框架内畅通国际经济走廊取得显著成效。孟中印缅经济走廊以地区已有的民间经济、学术往来为依托，于2013年5月由中印共同倡议而提出，并得到孟加拉国和缅甸的积极响应。2013年12月，孟中印缅经济走廊联合工作组第一次会议在昆明召开，各方签署了会议纪要和孟中印缅经济走廊联合研究计划，正式建立了四国政府推进孟中印缅合作的机制，目标是打造集交通、能源、商贸物流、产业合作、人文交流等功能于一身的综合型战略大通道。2014年的工作组第二次会议则讨论了孟中印缅经济走廊建设的优先次序和发展方向。2017年4月的工作组第三次会议上，四国进一步凝聚了共识，强调在互相尊重、平等互利、务实高效、合作共赢的原则上，推动孟中印缅经济走廊建设早日取得实质进展。

中巴经济走廊是连接海陆丝路、贯穿南北丝路的关键枢纽。“中巴经济走廊是中巴实现共同发展的重要抓手。我们要发挥走廊建设对两国务实合作的引领作用，以走廊建设为中心，以瓜达尔港、能源、基础设施建设、产业合作为重点，形成‘1＋4’合作布局。”[①] 2015年4月，中巴经济走廊委员会正式成立。2015年5月13日，瓜达尔港正式开通使用。2015年5月21日，巴基斯坦卡西姆港1 320兆瓦火电项目设备合同签订，中巴经济走廊首个能源项目正式启动。2017年4月4日，巴基斯坦大沃风电项目正式实现商业运行，这是中巴经济走廊首个实现商业运行的能源项目。2018年，随着瓜达尔自由区开园、卡西姆港燃煤电站投入商业运行、白沙瓦至卡拉奇高速公路苏木段提前通车等项目的完成，中巴经济走廊建设进入早期收获阶段。

中蒙俄经济走廊的建设发端于2014年9月的中蒙俄三国元首会晤。习近平主席在出席三国元首会晤时提出，“把丝绸之路经济带同俄罗斯跨欧亚大铁路、蒙古国草原之路倡议进行对接，打造中蒙俄经济走廊，加强铁路、公路等互联互通建设，推进通关和运输便利化，促进过境运输合作，研究三方跨境输电网建设，开展旅游、智库、媒体、环保、减灾救灾等领域务实合作”[②]。2016年9月，《建设中蒙俄经济走廊规划纲要》发布，明确了经济走廊建设的具体内容、资金来源和实施机制，商定了32个重点合作项目，涵盖了十大重点领域，标志着经济走廊建设的正式启动实施。

新亚欧大陆桥经济走廊东西两端连接着太平洋与大西洋的港口城市，辽阔狭长的亚欧腹地资源丰富，开发潜力巨大。新亚欧大陆桥建设以中欧班列等现代化国际物流体系为依托，重点发展经贸和产能合作，拓展能源资源合作空间。截至2018年6月底，中欧班列运行路线达39条，累计开行已突破1万列，国内开行城市48个，覆盖欧洲14个国家、42个城市，成为沿途国家促进互联互通、提升经贸合作水平的重要平台。

中国—中南半岛经济走廊是连接中国和东南亚地区的陆海经济带，以广西、云南为主要门户，向北延伸至中国广大内陆腹地，向南

---

① 习近平. 构建中巴命运共同体　开辟合作共赢新征程——在巴基斯坦议会的演讲. 人民日报，2015-04-22.

② 习近平出席中俄蒙三国元首会晤. 人民日报，2014-09-12.

经过越南、老挝、柬埔寨、缅甸、泰国延伸至马来西亚和新加坡，是沟通太平洋和印度洋的桥梁，也是中国和东盟合作的跨国经济走廊。2016 年 5 月，第一届中国—中南半岛经济走廊发展论坛召开，发布了《中国—中南半岛经济走廊倡议书》，提出积极加强区域内中央及地方政府间合作，搭建沟通协作新平台。2018 年 5 月，第二届中国—中南半岛经济走廊发展论坛召开，它成为中国-东盟自贸区升级版建设的新平台、新动力。

中国—中亚—西亚经济走廊的地理范围与古丝绸之路大致吻合，从新疆出发，抵达波斯湾、地中海沿岸和阿拉伯半岛，主要涉及中亚五国、伊朗、土耳其等国。这是一条能源大通道，也是军事、文化、宗教最为复杂的地区。2015 年 7 月，习近平主席在会见乌兹别克斯坦总统卡里莫夫时指出，中国将“同乌方一道做好中国—中亚—西亚经济走廊有关工作”[①]。同年 9 月，习近平主席在会见吉尔吉斯斯坦总统阿塔姆巴耶夫时再次指出：中国愿“同吉方携手共建中国—中亚—西亚经济走廊”[②]。尽管存在地缘关系复杂、安全形势严峻、经济发展水平差异大等不利因素，但是，中国—中亚—西亚经济走廊建设已在相关国家达成共识，依托于常态化的高层互访和政府间合作机制，中国、中亚、西亚国家之间将发展出更高水平、更深层次、更大范围的区域合作。

五年来，中国与沿线国家的人文交流更加紧密。“一带一路”将丝绸之路延续千年的友好交流传统继承下来并赋予新的时代内涵，使中国梦同沿线各国人民的梦想融为一体。“一带一路”框架下的人文交流涵盖范围非常广泛，内容非常丰富。中国政府与大多数沿线国家都签订了政府间人文交流协议，政府间互访频繁，民间交往活跃。教育交流年、文化旅游年、国际博览会、电影艺术节等多种活动平台异彩纷呈。人文交流是“一带一路”的民意基础，只有民相亲才有国相

---

① 习近平分别会见乌兹别克斯坦总统、阿富汗总统和巴基斯坦总理. 人民日报，2015-07-11.

② 习近平会见吉尔吉斯斯坦总统阿塔姆巴耶夫. 人民日报，2015-09-03.

交，只有心相通才能民相亲。2014 年 11 月，在“加强互联互通伙伴关系”东道主伙伴对话会上，习近平主席提出，“以人文交流为纽带，夯实亚洲互联互通的社会根基”[①]，并承诺 5 年内为周边国家提供 2 万个互联互通领域的培训名额，帮助周边国家培养自己的专家队伍。中国还设立了丝绸之路中国政府奖学金，每年资助 1 万名沿线国家新生来华学习或研修。2014 年 3 月，丝绸之路影视桥工程启动，由中国与沿线国家联合推出“一带一路”题材的电影、电视剧、纪录片。2014 年 6 月，中国与吉尔吉斯斯坦、哈萨克斯坦联合提交的“丝绸之路文化遗产申请项目”成功入选《世界遗产名录》。2014 年 12 月，由国家新闻出版广电总局组织实施的“丝路书香工程”启动。2016 年 4 月，海上丝绸之路联合申遗工作正式启动。同年，中国启动了以改善“一带一路”沿线国家人民健康福祉为宗旨的“健康丝绸之路”，为深化全球卫生合作提供了许多公共产品，成为民心相通的重要纽带。此外，中国在“一带一路”沿线国家设立了 30 个中国文化中心，新建了一批孔子学院，定期举办丝绸之路国际文化博览会、丝绸之路国际艺术节、海上丝绸之路国际艺术节等活动。2017 年，来自沿线国家的留学生达到 30 多万人，赴沿线国家留学的有 6 万多人。预计到 2020 年，与沿线国家双向旅游人数将超过 8 500 万人次，旅游消费约 1 100 亿美元。“一带一路”人文合作取得积极成果，为推进政治互信、深化经贸合作注入了持久的生命力。

五年来，“一带一路”建设成就辉煌，具有广阔的前景。“‘一带一路’建设是全新的事物，在合作中有些不同意见是完全正常的，只要各方秉持和遵循共商共建共享的原则，就一定能增进合作、化解分歧，把‘一带一路’打造成为顺应经济全球化潮流的最广泛国际合作平台，让共建‘一带一路’更好造福各国人民。”[②]

---

① 习近平．习近平谈治国理政：第 2 卷．北京：外文出版社，2017：498.

② 习近平．开放共创繁荣 创新引领未来——在博鳌亚洲论坛 2018 年年会开幕式上的主旨演讲．人民日报，2018-04-11.

五、“一带一路”建设的意义

“一带一路”建设是以习近平同志为核心的党中央在新的历史条件下实行全方位对外开放、统筹国内国际两个大局做出的重大战略决策，是中国特色大国外交的重大创新。“以共建‘一带一路’为实践平台推动构建人类命运共同体，这是从我国改革开放和长远发展出发提出来的，也符合中华民族历来秉持的天下大同理念，符合中国人怀柔远人、和谐万邦的天下观，占据了国际道义制高点。共建‘一带一路’不仅是经济合作，而且是完善全球发展模式和全球治理、推进经济全球化健康发展的重要途径。”①

“一带一路”建设以打造人类命运共同体为目标，打破“国强必霸”的历史逻辑，是对传统国家发展战略的理论创新。“‘一带一路’是一条合作之路，更是一条希望之路、共赢之路。”② 作为一个具有巨大包容性的发展平台，“一带一路”建设恪守《联合国宪章》的宗旨和原则，坚持开放合作、和谐包容、市场运作、互利共赢的共建原则，彻底摒弃了西方国家发展进程中长期奉行的零和观念和霸权意识，凝聚了中国特色大国外交的创新思维。中国的发展得益于国际社会，愿意以自己的发展为国际发展做出贡献，中国同世界的互动因而越来越紧密，机遇共享、命运与共的关系日益凸显。本质上，“一带一路”建设是国际政治经济合作的新模式，是通往人类命运共同体的道路。它以经济合作为先导，以政治合作为推手，以人文交流为基础，将国内发展战略与国际战略贯通起来，将自身利益与其他国家的利益诉求协调起来，以一种“穷则独善其身，达则兼善天下”的中国式哲学，努力构建中国与沿线国家乃至世界各国共同圆梦、追求美好愿景的宏伟

---

① 坚持对话协商共建共享合作共赢交流互鉴　推动共建“一带一路”走深走实造福人民．人民日报，2018-08-28.

② 习近平．深化互利合作　促进共同发展．人民日报，2017-09-06.

蓝图。“一带一路”建设实践，致力于探索以合作共赢为核心的新型国际关系，把合作共赢理念体现到政治、经济、安全、文明、生态等国际合作的各个方面，对于未来国际关系走向具有重要的建设性意义。

“一带一路”建设为中国经济持续发展提供了新的成长空间，调动整合了国际国内资源，构建起全方位开放的新格局。“一个国家强盛才能充满信心开放，而开放促进一个国家强盛。党的十一届三中全会以来我国改革开放的成就充分证明，对外开放是推动我国经济社会发展的重要动力。随着我国经济总量跃居世界第二，随着我国经济发展进入新常态，我们要保持经济持续健康发展，就必须树立全球视野，更加自觉地统筹国内国际两个大局，全面谋划全方位对外开放大战略，以更加积极主动的姿态走向世界。”① 由于自然地理环境和社会环境的差异，中国经济整体上呈现出东快西慢、海强陆弱的不平衡发展格局。“一带一路”建设横贯中国东部、中部、西部，在提高东部开放发展水平的同时，重点加大中西部开放的力度，优化区域资源利用，为中西部地区打开国际市场通道，培育国际市场空间，将开放腹地变为开放前沿。“一带一路”建设的推进，有利于充分发挥国内各地区比较优势，促进经济要素有序自由流通、生产资源高效配置，实现东部沿海地区与中西部地区相互衔接，从而打造全方位、多角度、深层次的对外开放格局，平衡东中西部社会经济发展，推动中国社会整体发展水平的质的提升。

“一带一路”建设，推进了中国经济与世界经济的融合，为世界经济发展提供了新契机。习近平主席指出：“中国经济快速增长，为全球经济稳定和增长提供了持续强大的推动。中国同一大批国家的联动发展，使全球经济发展更加平衡。中国减贫事业的巨大成就，使全球经济增长更加包容。中国改革开放持续推进，为开放型世界经济发展提供了重要动力。”② “一带一路”建设为沿线国家参与中国市场发

① 习近平．习近平谈治国理政：第2卷．北京：外文出版社，2017：504.

② 习近平．共担时代责任 共促全球发展——在世界经济论坛2017年年会开幕式上的主旨演讲．人民日报，2017-01-18.

展、分享中国经济发展的成就和经验提供了更为便捷的通道，推动参与国实现资源高效配置和经济政策协调，实现更大范围、更高水平、更深层次的国际合作，走上共同建设、共同发展、共同繁荣的道路。随着“一带一路”建设的逐步实施，国际社会普遍认识到这一历史性的机遇，很多国家积极响应，并主动寻求各自发展战略与“一带一路”倡议的对接，期望借“一带一路”的东风实现本国和本地区发展。“一带一路”建设，“重点面向亚欧非大陆，同时向所有朋友开放。不论来自亚洲、欧洲，还是非洲、美洲，都是‘一带一路’建设国际合作的伙伴”[①]。目前，中国已与100多个国家和国际组织签署了共建“一带一路”合作文件，在以和平合作、开放包容、互学互鉴、互利共赢为核心的丝路精神指引下，“一带一路”持续凝聚国际合作共识，国际社会形成了共建“一带一路”的良好氛围。

“一带一路”建设，充分展示出中国参与全球治理、塑造国际秩序的意愿、能力和智慧，有力提升了中国的国际影响力和话语权。“一带一路”沿线国家和地区是中国重要的海外利益攸关区，推进“一带一路”建设有助于切实保护中国日益增长的海外利益，增大中国在周边和国际事务中的分量。“一带一路”建设承载的不仅是经济蓝图，还有更深层次的和平理念、安全共识和文化价值观。它向世界传递了中国的和平、发展、合作、共赢理念，是中国特色社会主义道路自信、理论自信、制度自信、文化自信的体现，有利于稳定中国周边地缘环境，为中国特色大国外交提供了新的平台，为全球治理体制变革提供了新的国际公共产品。中国将“从世界和平与发展的大义出发，贡献处理当代国际关系的中国智慧，贡献完善全球治理的中国方案，为人类社会应对21世纪的各种挑战作出自己的贡献”[②]。2016年3月，联合国安理会通过关于阿富汗问题的第2274号决议，这是联

① 习近平. 习近平谈治国理政：第2卷. 北京：外文出版社，2017：516.

② 习近平. 在德国科尔伯基金会的演讲. 人民日报，2014-03-30.

合国决议中首次包含落实“一带一路”的内容。同年 11 月，第 71 届联大协商一致通过了关于阿富汗问题的第 A/71/9 号决议，欢迎“一带一路”等经济合作倡议向阿富汗提供援助。这是“一带一路”建设首次被写入联大决议，体现了国际社会对推进“一带一路”建设的普遍认可。2017 年 3 月，联合国安理会一致通过关于阿富汗问题的第 2344 号决议，呼吁国际社会凝聚援助阿富汗共识，通过“一带一路”建设等加强区域经济合作，并敦促各方为“一带一路”建设提供安全保障，加强发展政策战略对接，推进互联互通务实合作等。可见，中国特色的话语体系开始得到国际社会和其他国家越来越多的理解和接受。

“不谋万世者，不足谋一时；不谋全局者，不足谋一域。”尽管推进“一带一路”建设的美好愿景任重而道远，但是，“一带一路”建设的成果惠及世界，既为中国提供动力，又为世界创造机遇。中国愿意与志同道合的国家一道，“以钉钉子精神抓下去，一步一步把‘一带一路’建设推向前进”[1]。

党的十八大以来，习近平外交思想在中国特色大国外交实践中不断得到发展和完善，形成了完整的科学体系，蕴含丰富的中国传统文化精华，反映了鲜明的时代潮流。当前，国际社会正处于大发展大变革大调整时期，期待勇于担当的政治家挺身而出，期待负责任的大国提供全球性问题的解决方案。习近平外交思想以实现中华民族伟大复兴的中国梦和构建人类命运共同体为目标，高举和平、发展、合作、共赢的旗帜，坚定不移走和平发展道路，弘扬正确义利观，努力打造以合作共赢为核心的新型国际关系，向世界充分展示了一个负责任大国的政治担当和卓越智慧。面对国际关系力量对比状况的历史性变化，习近平总书记以统揽全局的战略思维和主动进取的创新精神，高瞻远瞩地提出了引领全球治理体制变革的中国方案以及推进“一带一

---

① 总结经验坚定信心扎实推进　让“一带一路”建设造福沿线各国人民．人民日报，2016-08-18.

路”建设的倡议措施，为国际社会的发展进步描绘了新的蓝图。习近平外交思想谱写了中国外交理论的新篇章，开创了中国外交实践的新局面，必将继续指导中国外交为实现中华民族伟大复兴的中国梦做出更大贡献，努力推进构建人类命运共同体的伟大进程。

图书在版编目（CIP）数据

构建人类命运共同体/陈岳，蒲俜著．—修订本．—北京：中国人民大学出版社，2018.11
（“认识中国·了解中国”书系）
ISBN 978-7-300-26359-5

Ⅰ.①构… Ⅱ.①陈…②蒲… Ⅲ.①中外关系-研究 Ⅳ.①D822

中国版本图书馆 CIP 数据核字（2018）第 236536 号

“十三五”国家重点出版物出版规划项目
“认识中国·了解中国”书系
构建人类命运共同体（修订版）
陈岳　蒲俜　著
Goujian Renlei Mingyun Gongtongti

出版发行	中国人民大学出版社		
社　　址	北京中关村大街 31 号	**邮政编码**	100080
电　　话	010－62511242（总编室）		010－62511770（质管部）
	010－82501766（邮购部）		010－62514148（门市部）
	010－62515195（发行公司）		010－62515275（盗版举报）
网　　址	http://www.crup.com.cn		
经　　销	新华书店		
印　　刷	北京昌联印刷有限公司	**版　　次**	2017 年 8 月第 1 版
开　　本	720 mm×1000 mm　1/16		2018 年 11 月第 2 版
印　　张	8.25	**印　　次**	2024 年 6 月第 2 次印刷
字　　数	111 000	**定　　价**	64.00 元